SUSANNE HÜHN

STELL DIR DOCH VOR, WAS DU WILLST

WARUM AUCH NEGATIVE GEDANKEN IHREN PLATZ HABEN

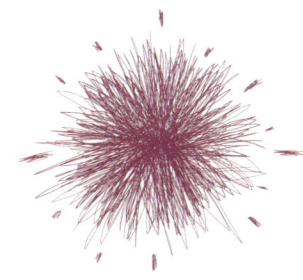

Schirner
Verlag

ISBN 978-3-8434-1239-1

Susanne Hühn:
Stell dir doch vor, was du willst
Warum auch negative
Gedanken ihren Platz haben
Copyright © 2016 Schirner Verlag,
Darmstadt

Umschlag: Silja Bernspitz, Schirner,
unter Verwendung von # 141522328
(best works), # 83414014 (vadim nardin),
228277915 (Marylia),
www.shutterstock.com
Layout: Silja Bernspitz, Schirner
Lektorat: Claudia Simon, Schirner
Printed by: Ren Medien GmbH, Germany

www.schirner.com

1. Auflage Januar 2016

STELL DIR DOCH VOR, WAS DU WILLST

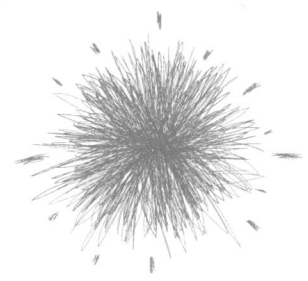

»ICH WILL!
Das Wort ist mächtig,
spricht's einer leis und still.
Die Sterne reißt's vom Himmel,
das kleine Wort:
ICH WILL«.

Johann Wolfgang von Goethe

INHALT

EINLEITUNG

Lieber Leser, am Anfang war und ist das Wort. Und vor diesem Wort gab und gibt es einen schöpferischen Impuls, eine Absicht. Worte verändern, gestalten, erschaffen unsere Welt, vorausgesetzt, sie gehen einher mit einer starken Imagination.

Das ist die eine Seite. Sie stimmt, das wissen wir. Und doch gibt es Situationen, in denen alle unsere Gedanken nicht das Geringste bewirken, gerade so, als wären wir dem Schicksal vollkommen ausgeliefert. Das hören wir nicht gern und greifen dann schnell in die Erklärungstrickkiste: »Das hat der sich so ausgesucht«, »Das ist Karma«, »Kein Wunder, die schaut ja auch nicht genau hin« …

Ich befürchte, wir irren uns mit diesen Erklärungen. Ich bin zu dem Schluss gekommen, dass wir anerkennen müssen, dass es Kräfte gibt, die außerhalb unseres bewussten Selbst wirken. Diese Kräfte können durchaus zu uns gehören, auf hohen oder auch sehr tiefen Ebenen. Doch wir haben nicht auf alle einen bewussten Einfluss. Anders gesagt: Wenn die Seele eine Entscheidung getroffen hat, dann wirkt diese Entscheidung. Sie ist dem freien Willen nicht zugänglich. Wir können Seelenentscheidungen nur dann verändern, wenn die Zeit reif ist und die Seele sowieso eine Änderung will. Will sie das nicht, weil es für ihre Entwicklung keinen Sinn ergeben würde, dann können wir »erschaffen«, so viel wir wollen. Die Würfel sind bereits auf sehr viel höheren Ebenen gefallen. Das Gute ist, wenn wir aufmerksam sind, dann wissen wir das, weil wir es spüren. Heißt das, wir sind dem Schicksal ausgeliefert? Natürlich nicht. Wir sind Schöpfer unserer Wirklichkeit. Aber nicht auf jeden Aspekt haben wir freien Zugriff. Wir können aber immer entscheiden, wie wir auf das, was uns zufällt, reagieren. Je bewusster und achtsamer wir mit uns und unseren Gedanken umgehen, desto schneller und direkter können wir auf Energieströmungen, Ahnungen, Impulse reagieren, sie bewusst verstärken oder abmildern, je nachdem, worum es geht.

Energien wirken auch dann und zwar erst recht, wenn diese Imagination unbewusst abläuft. Wenn wir nun noch wissen, dass wir einen sehr starken inneren Herrscher haben, der all seine Kraft in die Waagschale wirft, um uns zu schützen, dann wird deutlich, wie wesentlich es ist, bewusst und achtsam zu imaginieren, wenn wir unser Leben selbstverantwortlich und glücklich gestalten wollen. Dieser innere Herrscher ist die sogenannte Schmerzvermeidung, eine Funktion unseres Gehirnes, die dafür sorgt, dass wir überleben. Sie hält uns von Gefahren fern, und dabei spielt es keine Rolle, ob diese Gefahren echt sind oder nur in unserer Vorstellung existieren. Gleichermaßen stark wirkt das sogenannte Lustzentrum, das auf kurzfristige Belohnungen aus ist, auf sofortige Bedürfniserfüllung. Geduld, Gelassenheit und das Wissen, dass sich die Dinge aus sich selbst heraus entwickeln, wenn wir sie nur lassen und achtsam nähren, sind nicht die Stärken des Lustzentrums. Es will alles, und zwar sofort. Wie kontraproduktiv sich diese innere Haltung auf unser Leben auswirken kann, liegt auf der Hand. Schmerzvermeidung und Lustgewinn sind also die stärksten Antriebskräfte im Emotionalhirn, einem sehr alten und damit auch sehr durchsetzungsstarken Teil unseres Gehirns. Der zum vernünftigen, bewussten, lösungsorientierten Denken fähige Gehirnteil, die Großhirnrinde, ist entwicklungsgeschichtlich erst viel später entstanden als Stamm- und Säugetiergehirn. Sie reift heran, wenn wir erwachsen werden, wahrhaft erwachsen. Du kannst dir vorstellen, wie oft dir diese verschiedenen Gehirnteile sehr widersprüchliche Impulse geben! Bewusstes Erschaffen deiner Wirklichkeit aber

ist nicht möglich, wenn du mit dir selbst nicht einig darüber bist, was du eigentlich erschaffen willst. Die Schmerzvermeidung wirkt sehr tief und persönlichkeits-, ja, auch inkarnationsübergreifend. Das heißt, dass du unbewusste Vermeidungsimpulse in dir trägst, die aus den Verletzungen der Ahnen, des Kollektives oder auch aus vergangenen Leben stammen können. Wenn du bereits eine Entscheidung über eine Angelegenheit getroffen hast, dann wirkt diese innere Entscheidung wie ein machtvoller Gegenspieler, der dich daran hindert, dein Leben frei und glücklich zu gestalten.

Ein Beispiel? Wenn du die Erfahrung gemacht hast, sei es selbst, durch die Ahnen oder durch das Kollektiv, dass es gefährlich ist oder einen hohen Preis hat, erfolgreich zu sein (du bekommst Neider, du wirst gesehen, du rufst Gegenspieler auf den Plan), dann entscheidest du womöglich unbewusst: Ich werde niemals erfolgreich sein. Diese Entscheidung wirkt, denn sie ging mit einem starken emotionalen Impuls einher. Das berühmteste Beispiel für das, was mit einem passieren kann, wenn man zu erfolgreich und damit zu unbequem wird, hat uns Jesus gegeben. Er ist von seinen Gegenspielern, die ihre Staatsordnung bedroht sahen, ans Kreuz genagelt worden. Warum? Weil er machtvoll und wirksam war, weil er echte Veränderung bewirkt hat und damit diejenigen, die ihre Pfründe schützen wollten, auf sich aufmerksam gemacht hatte. Es ist nur logisch, dass wir uns gegen den Erfolg entscheiden, oder?

Ist das ein Glaubenssatz, dieses »Ich werde niemals erfolgreich sein«? Nein. Es ist eine Entscheidung, die du getroffen hast. Der Glaubenssatz, der dahintersteckt, ist dieser: Es ist gefährlich, erfolgreich zu sein, ich werde getötet, wenn ich sichtbar werde.

Einen Glaubenssatz kannst du entschärfen, indem du fragst: »Stimmt das immer und unter allen Umständen?« Darauf kann man bei diesem Beispiel nur mit Nein antworten. Die Entscheidung hingegen, die du getroffen hast, braucht eine bewusste Gegenentscheidung, die stimmig sein muss. Um dich neu zu entscheiden, musst du bereit werden zu riskieren, dass das, was du zu vermeiden versuchtest (in diesem Beispiel, getötet zu werden, wenn du erfolgreich bist), wieder passiert. Echte, bewusst getroffene, kraftvolle Lebensentscheidungen kannst du nur dann wirksam treffen, wenn du bereit bist, all deinen Erfahrungen zum Trotz, erneut ein Risiko einzugehen. Du kannst dir zwar sagen »Diesmal wird das nicht passieren«, aber du wirst es dir nicht glauben, denn du kannst es einfach nicht wissen. Du weißt es nicht. Und das wiederum weiß dein Gehirn.

Eine Ebene aber gibt es, die du klären musst und darfst, wenn du bewusste neue Entscheidungen auf Erden treffen willst: die Erfahrungsebene der Seele, die dir das vergangene menschliche Desaster vermutlich selbst erschaffen hat. Du kommst nicht umhin, die Absichten deines Seelenplans zu hinterfragen und gegebenenfalls zu korrigieren, wenn du wahrhaftig zum Schöpfer deines Lebens werden willst. Dazu später mehr.

Bewusstes schöpferisches Gestalten durch Gedankenkraft setzt also Reifung und bewusstes Abwägen aller inneren Aspekte und Wahrheiten voraus. Den schnellen Lustgewinn und auch die Vermeidung von Schmerz können wir nicht erschaffen, indem wir »positiv denken«. Warum nicht? Weil wir, wenn wir Schmerz vermeiden wollen oder den schnellen Lustgewinn erzielen möchten, aus einem in erster Linie angstbasierten Gehirnteil heraus gesteuert werden. Angst macht eng – zum wahrhaften Erschaffen seiner Umstände braucht es innerliche Weite, ein offenes Energiesystem, eine hohe Lebendigkeit.

Selbstverständlich können wir durch unsere Gedankenkraft positive Bilder assoziieren und damit angenehme Gefühle in uns auslösen, doch das ist ein bewusster schöpferischer Akt, keine Schmerzvermeidung, sondern reife Selbstfürsorge.

Warum ist das so wichtig? Weil viele der Menschen, die Gedankenkontrolle anwenden, das aus Angst und aus einer Vermeidungshaltung heraus betreiben. Das ist nicht Schöpfen, sondern Vermeiden. Doch das Leben reagiert nicht auf Vermeidung, nicht auf unser Nein, sondern nur auf das Ja. Weil das ganze Leben ein einziges großes Ja zur Schöpfung ist. Die Ausnahme: Ein bewusst ausgesprochenes Nein, das dazu dient, eine ungesunde, dem Leben nicht im hohen Maße dienende Situation zu verändern, hat immense Schöpferkraft. Es geht dabei nicht um das Ja oder Nein, sondern um die Frage, ob das, was du gestaltest, dem Fluss des Lebens dient, es die Lebendigkeit auf diesem Planeten erhöht oder nicht. Wenn nicht, dann brauchst du ungleich mehr Energie, um ein Ergebnis zu erzielen, wenn du nicht sowieso scheiterst. Manchmal dient sogar der Tod dem Leben.

Wir gestalten also unsere Welt, indem wir unsere schöpferischen Gedankenimpulse sorgsam und bewusst einsetzen.

Noch einmal: Können wir durch unsere Gedanken kontrollieren, was uns geschieht? Nicht in letzter Konsequenz. Denn da gibt es auch zwanzig Prozent nicht steuerbares Chaos im Kosmos, das Chaos gehört zur Ordnung dazu. Warum ist das so wichtig? Weil du verzweifelst, wenn du glaubst, dass du zu hundert Prozent alles unter Kontrolle hast, wenn du deine Gedanken perfekt ausrichtest. Was du aber immer tun kannst: Du kannst mithilfe deiner Gedanken anders mit den Dingen, die geschehen, umgehen! Du kannst nach einer gewissen Zeit des Schocks, der Emotionen, des Haderns bewusst entscheiden, mit welcher inneren spirituellen und mentalen Haltung, die deine Gefühle maßgeblich beeinflusst, du dem Leben begegnest. Wie aber wird man achtsam und sich seiner Absichten bewusst, um sich eine neue Wirklichkeit zu erschaffen? Indem man lernt, sich selbst zuzuhören, den inneren Stimmen Raum gibt, die eigene Wahrheit erforscht, selbst dann, wenn sie Angst macht oder unbequem ist. Und darum geht es in diesem Buch.

Denn du kannst deine ursprünglichen, direkten und unbewussten Impulse, Gedanken und Gefühle nicht kontrollieren. Das solltest du auch nicht, zeigen sie dir doch die Topografie, die Höhen und Tiefen deiner innere Landkarte. Du kannst und solltest aber sehr wohl entscheiden, welchen Gedanken und Impulsen du bewusst Raum gibst, womit du dich also selbst nährst und die Welt befruchtest!

Du lernst deine eigenen inneren Stärken und deine wahren Absichten kennen und sie bewusst zu entfalten, damit du sie in Gedankenkraft verwandeln und somit wirksam werden lassen kannst. Wir nutzen dabei unser Wissen um die Chakren. Denn jedes Chakra repräsentiert eine andere innere Wahrheit, eine Stärke, eine Sicht auf das Leben. Wenn du die Stimmen deiner Chakren kennst, weißt, wie sich zum Beispiel die Stimme des Herzens von der Stimme des Überlebenswillens unterscheidet und warum beide recht haben und gehört werden wollen (und müssen!), dann kannst du aus all deinem inneren Wissen, aus allen Aspekten heraus einen machtvollen, wahrhaft schöpferischen Impuls entfalten, der dein Leben nachhaltig verändern wird. Du entwickelst einen schier unendlich großen inneren Antrieb, wenn du deine wahren, innersten Absichten und Wünsche kennst und synchronisierst, in Einklang miteinander bringst. Ein bisschen mühsam antrainiertes positives Denken ist nichts im Vergleich dazu, deine Kräfte zu mobilisieren, zu bündeln und sie in einem einzigen

wuchtigen Gedankenimpuls nach außen zu schleudern. Das ist ein wahrer Zeugungsakt. Unsere Gedankenkraft kann nur dann wirksam werden, wenn wir wirklich und mit allen Sinnen wollen, was wir zu erschaffen trachten. Gibt es in uns unbewusste oder sogar halbbewusste widersprüchliche Impulse, dann passiert nichts. Dann gibt uns das Leben Raum, uns erst einmal über unsere wahren Absichten klar zu werden. Das sieht aus wie Stillstand, doch letztlich ist es ein Geschenk des Lebens an uns, nicht alles sofort zu verwirklichen, sondern noch einmal nachzufragen: »Meinst du das ernst, ist es wirklich das, was du willst, bist du dir der Konsequenzen bewusst?« Deshalb ist es so sinnvoll, die Chakren zu befragen, denn jedes einzelne Chakra hat seine Wahrheit und will gehört werden.

Doch zunächst reden wir über ein paar Zweifel. Warum? Weil es klug ist, die Dinge zu hinterfragen. Vor allem aber, weil – entschuldige – so viel Unsinn über das Thema »Gedankenkraft« im Umlauf ist, dass ich dich gern in meine Überlegungen miteinbeziehen möchte. Ich biete dir an, dir selbst ein Bild zu machen und nicht alles zu glauben, was über Gedankenkraft gesagt wird. Nicht alle haben recht. Ich vielleicht auch nicht. Selbst denken macht klug – und unabhängig. Das, was du dir selbst erarbeitet hast, gehört unverbrüchlich dir.

MEIN EIGENER WEG

Als ich Anfang der 90er-Jahre mein erstes spirituelles Buch in der Hand hielt, einen Bestseller von Louise L. Hay, die ich bis heute sehr schätze, veränderte sich mein Leben dramatisch, und das nur durch einen Satz: Deine Gedanken erschaffen deine Gefühle.

Bis dahin war ich nicht einmal auf die Idee gekommen, ich könnte wählen, was ich denke. In meiner Kindheit waren die Dinge eben so, wie sie waren, und auch die Gedanken gehörten für mich zu den un-verrückbaren Gegebenheiten – sehr verwunderlich, beschäftigte ich mich doch schon sehr lange mit Psychologie. Aber von der Macht des Denkens hatte ich trotzdem noch nie bewusst gehört.
Ich widmete mich von 1991 ab intensiv der Gedankenkontrolle und den positiven Affirmationen, studierte, was Zweifel anrichten, und übte mich innig in meiner mentalen Ausrichtung. Ich ging durch die Hölle der Angst vor meiner eigenen Negativität, als ich erkannte, dass es mir sehr viel leichter fiel, das Schlimmste zu befürchten, statt meine Gedanken auf einen positiven Ausgang zu richten.

Wenn du erst einmal weißt, dass deine Gedanken deine Realität er-schaffen, dann sind sie auf einmal wie bissige Raubtiere, vor denen du dich schützen musst. Ich erinnere mich sehr genau, wie ich oftmals verzweifelt bei meiner Lehrerin anrief und ernsthaft besorgt um Hilfe bat, weil ich meine eigenen negativen Befürchtungen so sehr fürchtete. Die Freiheit, mir meine Gedanken auszusuchen und die Welt anders zu sehen, als ich es in der Kindheit erlernt hatte, kam mit einem hohen Preis: der Verantwortung dafür, dass ich mir auch den kleinsten Um-stand in meinem Leben durch meine Gedanken selbst erschaffen hatte.

Also übte ich die Silva-Mind-Control-Methode und andere Techniken, mit denen man seine Gedanken ausrichten lernt. In den 90er-Jahren war ich, wie so viele andere, sehr damit beschäftigt, mir meine Realität durch meine Gedanken selbst zu erschaffen und immer wieder zu hinterfragen, wie ich das, was geschah, selbst angerichtet hatte. Und doch stimmte etwas nicht ganz an diesem Konzept, spürte ich. Denn entweder war ich einfach zu beschränkt, mir durch positive und achtsame Gedanken ein glückliches Leben zu erschaffen – was ich viele Jahre lang glaubte –, oder es gab noch etwas anderes. Was war zum Beispiel mit »Dein Wille geschehe«? Wie passte meine Schöpferkraft, die Macht meiner Gedanken, dazu, dass ich mich gleichzeitig einer göttliche Kraft hingeben, meiner Seele folgen, meinen spirituellen Seelendienst erfüllen wollte?

In einem Buch schrieb die Autorin sinngemäß als Antwort: Wenn wir uns dem Strom unseres eigenen Lebens hingeben, dann helfen die Gedanken dabei, ihn ein wenig zu korrigieren. Das passte mir überhaupt nicht. Das war keine Antwort, sondern irgendein halb gares Zeug, fand ich. Ich weiß nicht mehr, von welcher Lehrerin das stammt, aber ich weiß noch, dass ich mir damals geradezu blasphemisch vorkam, ihre Aussage anzuzweifeln. Und doch: Entweder ich gebe mich bedingungslos dem Strom hin, oder ich habe die volle Verantwortung für ihn, das war mir schon immer klar.

Dieses »ein bisschen korrigieren« kam mir verlogen vor, als habe sie es auch nicht begriffen. Was ja nichts machte – aber sollte man das dann nicht einfach zugeben? Denn manchmal ist die Beschäftigung mit den Fragen wichtiger als eine zu rasche Antwort. Nur so entsteht Bewusstsein!

Ich wollte es genauer wissen und schlug mich viele Jahre mit der Frage herum, wie ich mich als Fischegeborene, die sowieso am liebsten

mit der göttlichen Kraft verschmilzt, und gleichzeitig als Älteste, als Leistungstochter, die ihr Leben gern unter Kontrolle hat, mit mir selbst unter einen Hut bringen konnte.

Verschmelzen, mich hingeben, loslassen und die Gedanken in den Dienst der Liebe stellen oder mich selbst ausrichten, Verantwortung übernehmen, meine Gedanken als Schöpferimpuls nutzen – was war denn die Wahrheit?

Vor allem, was nutzte es mir, zu wissen, ich erschaffe mit meinen Gedanken meine Gefühle (und meine Realität noch dazu), wenn mir immer wieder alles entgleiste? Mein Leben war weit davon entfernt, dem Zustand meiner Gedanken zu entsprechen, zumindest nicht der Gedanken, die ich bewusst dachte.

Ich begann, mich intensiv mit dem, was hinter den Dingen steckte, zu beschäftigen, mit Glaubenssätzen, Entscheidungen, die mit»Ich werde immer …« oder»Ich werde nie …« begannen. Durch Rückführungen schaute ich mir alte Entscheidungen an und erkannte, worum es der Seele wirklich ging, und vieles löste sich. Ich lernte, Gedanken als Wegweiser zu nutzen, wie die Spur, die sich Hänsel und Gretel gelegt hatten, um nach Hause zu finden, um der eigenen tiefsten Wahrheit auf den Grund zu kommen, selbst wenn sie mir nicht gefiel. Das war schwierig, denn auf der einen Seite gab es die Angst vor den eigenen negativen Gedanken, auf der anderen Seite wollte ich gerade diese negativen Gedanken anschauen, um dem dahinterliegenden Muster auf die Spur zu kommen.

Ich war bei all dem, was ich las, dennoch nicht wirklich davon überzeugt, dass die Gedanken tatsächlich ursächlich für meine Gefühle verantwortlich waren. Natürlich kann man es sehr leicht ausprobieren: Denke etwas Negatives, und du fühlst dich schlecht. Aber woher weiß ich, dass dieses Gefühl nicht schon vorher da war, abgespeichert, und durch den Gedanken nicht verursacht, sondern nur aus der Versenkung geholt wurde? Wäre dann all das positive Denken nicht einfach nur einer Vermeidung der Gefühle, die bereits in mir schlummern?

Und woher kommen Gefühle? Die Hirnforschung sagt, unter anderem aus der unbewussten Erfahrung, die wir gemacht haben. Es gibt dieses Ding im Hirn, die Amygdala, unser emotionales Gedächtnis, und dieses emotionale Gedächtnis gab es schon, als wir nur ein Riechhirn hatten, von Gedanken also weit und breit noch nichts zu erkennen war. Das emotionale Gehirn ist weitaus älter als der Sitz der Gedanken, der im Stirnlappen verankert ist, im Neocortex, und damit, wie der Name sagt, relativ neu ist. Die Amygdala reagiert auch sehr viel schneller als unsere Gedanken. Noch dazu ist sie mit dem Kollektiv vernetzt. Wenn irgendwo ein Wesen leidet, dann weiß sie das. Es sind also nicht nur unsere eigenen Erfahrungen, die uns prägen. Bis wir einen Gedanken haben, haben wir schon zehnmal etwas gefühlt, und unsere Amygdala hat längst für eine dem Gefühl entsprechende Reaktion gesorgt. Warum? Damit wir überleben! Wenn wir in früheren Zeiten erst sorgfältig unsere Gedanken abgewogen hätten, dann hätten wir das im Zweifelsfall im Bauch eines Tigers tun müssen, wenn wir dann noch dazu gekommen wären.

Wir sind nicht darin geübt, unsere Gefühle wahrzunehmen. Deshalb erleben wir unsere unmittelbare Reaktion gar nicht bewusst mit. Die ist aber zuerst da, und zwar lange vor dem Gedanken.

Die Amygdala, die als erste Instanz emotional auf jeden ankommenden Impuls reagiert und deine unmittelbare körperliche, hormonelle Antwort hervorruft, lässt sich nur durch neue emotionale Erfahrungen umprogrammieren, niemals durch andere Gedanken.

Wir wissen das, die Hirnforschung weiß das und die Verhaltensforschung auch. Dennoch, auch heute noch, über zwanzig Jahre nach-

dem ich durch die Gedankenkontrolle-Hölle gegangen bin, schlagen sich sehr viele Menschen mit diesem Thema herum.

»Das darfst du nicht denken!«, höre ich euch oft zueinander sagen, und ich schaudere. »Das soll man ja nicht denken«, lacht ihr ein wenig schuldbewusst. Ach du Schreck. Deshalb dieses Buch. Es soll euch frei machen, euch zum Mitschöpfer eurer Welt werden lassen, voller Hingabe an das Leben und an die Liebe.
Denn heute kenne ich die Antwort, meine Antwort. Sie ist ganz einfach:

Ich habe die volle emotionale und mentale Verantwortung dafür, dass ich mich dem Leben bedingungslos hingebe.

Ich kontrolliere mit meinen Gedanken nicht den wahren Fluss des Lebens, zum Glück nicht. Aber ungehütete, angsterfüllte Gedanken können sehr wohl dafür sorgen, dass ich erst gar nicht zu schwimmen beginne – während mich sorgsam gehütete Gedanken, deren Ausrichtung ich liebevoll pflege, immer wieder neu zu diesem Strom führen.
Und noch eines wurde mir klar: Die bewusste Hinwendung zu einer inneren Führung, das bewusst ausgesprochene »Dein Wille geschehe« ist auch ein Gedanke, der Kraft hat, auch eine Absicht! So widerspricht es sich also in keiner Weise, das bewusste Denken zu nutzen, um die eigene Wirklichkeit zu erschaffen, und gleichzeitig voller Hingabe an das Leben zu sein. Sich führen zu lassen ist ein Teil der bewusst geschaffenen eigenen Wirklichkeit. Das hat mich sehr beruhigt – es gilt Sowohl-als-auch, nicht mehr Entweder-oder.

WIE NUTZE ICH DAS WISSEN UM DIE MACHT DER GEDANKEN?

Neulich meinte eine Klientin zu mir: »Was muss ich denn denken, damit ich Vertrauen ins Leben bekomme, damit ich auch wirklich daran glaube, dass mir nichts passiert?« Ich sagte: »Dafür gibt es keine Gedanken, denn das Universum besteht nun einmal zu zwanzig Prozent aus Chaos. Aber wie wäre es, wenn du dir folgende Sätze zu eigen machst: »Egal, was passiert, ich weiß, ich kann mein Leben meistern. Alles, was ich brauche, um mein Leben in Würde und Schönheit zu meistern, kommt dann zu mir, wenn ich es brauche.«

Und darum geht es. Denn damit ging es ihr gut. Wir können durch unsere Gedanken nicht verhindern, dass das Leben so ist, wie es ist. Menschen sterben. Tiere sterben. Dinge geschehen. Es ist nichts als Schmerzvermeidung, wenn wir versuchen, alles, was uns Schwierigkeiten bereitet, durch Gedankenkontrolle auszuklammern. Umso größer ist der Schock, wenn es dann doch passiert, und umso ausgelieferter fühlst du dich dem Leben. Und bitte, vergiss alle, dir die sagen: »Du bist noch nicht gut genug, das hast du dir selbst erschaffen«, denn das ist arrogant, nicht hilfreich und schon gar nicht mitfühlend. Ein schrecklicher Satz, wirklich. Er wird sehr gern genommen, wenn ein spirituell Suchender oder auch Findender krank wird, es gar wagt, zu sterben.

Wenn überhaupt etwas hilft, dann die Frage: »Worum geht es hier wirklich, welches Gefühl will gespürt, welche Qualität erfahren werden?«

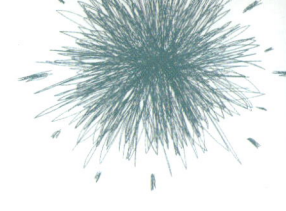

WAS SIND GEDANKEN ÜBERHAUPT?

Das hängt davon ab, wen man fragt. Und je öfter und hartnäckiger man fragt, desto mehr erkennt man: Man weiß es nicht.

»Elektrische Impulse«, rufen die einen, die anderen antworten zu Recht: »Nicht nur!« Einen Gedankenstrom kann man im Gehirn, wie den Stromfluss auch, an seinen Auswirkungen erkennen, also an dem veränderten Stoffwechsel, der erhöhten Durchblutung im Gehirn. Und zwar nicht nur an einer Stelle, sondern an vielen Stellen zugleich, je nachdem, aus welchen Bereichen »es denkt«. Merken wir uns schon einmal, denn das wird noch wichtig:

Die Bereiche, aus denen heraus die jeweiligen Gedankenimpulse entstehen, zeigen erhöhte Gehirntätigkeit, erhöhten Energiefluss, das sieht man im CT.

Es gibt im Gehirn keinen Bereich, der ausdrücklich für die Gedanken reserviert ist.

Gedanken sind immer Ausdruck des Bewusstseins, aus dem heraus »es denkt«.

»Lichtimpulse, Schöpferkraft«, rufen die Esoteriker, »Gedanken sind Wesenheiten, es gibt niedrige und hohe Gedankenwesen«, antworten einige Schamanen. »Gedankenimpulse sind schneller als das Licht«, sagen die einen, erklären aber nicht, was sie damit meinen, und schon gar nicht können sie sagen, was das für uns bedeutet. Gefühle und

Bewusstsein überhaupt sind auch schneller als das Licht. »Deine Gedanken bestimmen deine Gefühle«, sagen wieder andere (oder sind es die gleichen?) und können es zwar beweisen, aber dennoch stimmt auch das nicht ganz – wissen wir doch, dass insbesondere die Erfahrungen, die wir als Kinder machten, unsere Gefühlswelt bestimmen und viele Glaubenssätze und Überzeugungen erst entstehen ließen. Denn wenn wir eines wissen, dann das: Kinder denken nicht analytisch, Kinder nehmen wahr und fühlen. Babys können noch gar nicht denken, zumindest nicht in Sprache und schon gar nicht bewusst. Was also bestimmt die Gefühle der Babys? Wir wissen außerdem, dass sich Gefühle vererben und die dazugehörigen Glaubenssätze und Gedanken gleich dazu – Traumata werden von Generation zu Generation weitergegeben, mitsamt ihren emotionalen und mentalen Inhalten.

Gedanken bestimmen also Gefühle, ja, aber nicht nur. Gedanken sind in der Lage, Gefühle hervorzurufen, aber nicht zwingend.
Einigen wir uns darauf: Wir wissen nicht genau, was Gedanken sind. Die Hirnforscher sind noch mit Forschen beschäftigt.
Gedanken sind ein Phänomen, das weder ausschließlich in uns noch außerhalb von uns entsteht, so sagen die Philosophen – woher kommt ein Gedanke? War er schon da, und wir fangen ihn auf? Entwickeln wir ihn, oder lesen wir ihn aus dem sogenannten morphogenetischen Feld? Warum denken manche Menschen zur gleichen Zeit ähnliche Gedanken, und warum werden bestimmte Erfindungen, wesentliche Entdeckungen nahezu zeitgleich von verschiedenen Menschen gemacht?
Wer denkt? Und was passiert mit einem Gedanken, der von niemandem gedacht wird? Wir wissen es nicht sicher. Mich stört es immer, wenn jemand behauptet: »Gedanken sind magnetisch«, »Gedanken manifestieren sich«, oder: »Gedanken ziehen Ereignisse an.«

Ja, aber nicht immer, oder? Und nicht immer ziehen sie das an, was wir bewusst gedacht haben …

Wissen wir, ob ein bewusst gedachter Gedanke, eine Absichtserklärung, eine Art Kraft im Körper und im Unterbewusstsein freisetzt und ob von nun an Körper und Unterbewusstsein gemeinsam alles daransetzen, diese Absicht zu verwirklichen? Oder kann es nicht auch sein, dass sich ein Ereignis anbahnt und die entsprechenden Gedanken schon einmal »vorausschickt«? Auch das erlebe ich. Dann habe ich ein Ereignis nicht durch meine Gedanken angezogen, sondern es hat sich durch Energiewellen, die sich als Gedanken zeigten, angekündigt. »Vorahnung« nennen wir das. Manchmal sogar »inneres Wissen«. Wissen wir, ob unsere bewusst gedachten Gedanken die höchste Schöpferebene und Gott erreichen? Das nennen wir »beten«. Vielleicht stimmt alles, und vielleicht stimmt nichts davon. Wir können das Vorhandensein von Gedanken letztlich nur an ihren Auswirkungen erkennen.

SIND GEDANKEN MAGISCH BZW. MAGNETISCH?

Mag sein. Und dennoch regt sich in mir Widerstand, wenn ich mir vorstelle, dass das Universum oder wer auch immer darauf schaut, was ich denke, und mir dann entsprechend »liefert«. Weil ich immer das Gefühl habe, ich mache etwas falsch, wenn die gewünschten Ergebnisse ausbleiben. Natürlich kenne ich die Antwort: »Deine Energie stimmt noch nicht«, »Es ist noch nicht der richtige Zeitpunkt«, »Auf den Gedanken müssen auch Taten folgen« – jajaja. Ich erlebe sehr oft, wie sich bewusst gegebene, ja, sogar unbewusst gegebene Absichtserklärungen plötzlich und auf wundersame Weise als Gelegenheiten manifestieren. Ich erlebe aber auch nicht bewusst herbeigedachte Wunder und ebenso wenig »bestellte« Katastrophen. Gedankenkraft – das reicht mir einfach nicht. Da stimmt etwas nicht, das fühle ich. Denn ich bin nicht nur ein geistiges Wesen, schon gar kein mentales. Ich bin ein Wesen, das sich aus sehr vielen verschiedenen Ebenen zusammensetzt. Wir sind geistige Wesen, die Erfahrungen mit Materie machen. Wir sind sowohl spirituelle als auch fühlende Wesen. Und wir sind Körperwesen, die Erfahrungen mit hohem Bewusstsein machen. Außerdem bin ich ein weibliches Wesen, das Leben gebären kann, wie Männer männliche Wesen sind, die Leben zeugen können. Und, und, und. Wollen nicht alle diese Ebenen mit in die Selbstverantwortung, in die eigene Schöpferkraft einbezogen werden? Und haben nicht alle diese Ebenen eigene Gedanken?

WAS ALSO BEWIRKEN GEDANKEN TATSÄCHLICH?

Wir wissen: Gedanken entstehen aus den verschiedensten Bereichen des Gehirns heraus. Aus welchen Bereichen die Impulse kommen, bestimmt die emotionale Qualität des Gedankens.

Wenn ich auf die emotionale Qualität meiner Gedanken schaue, also darauf, was ein Gedanke in mir bewirkt, dann weiß ich also, aus welchem Bereich meines Gehirnes er stammt! Nicht allein der Gedanke bestimmt, wie ich mich fühle. Ich erkenne an dem Gefühl, das mir ein Gedanke verursacht, woher er kommt! Das Gefühl ist dort bereits gespeichert. Indem ich die Gedanken, die aus diesem bereits verängstigten oder geschockten Teil des Gehirnes kommen, weiterdenke, aktiviere ich diesen Gehirnbereich immer wieder und wieder. Genauso stärke und trainiere ich die kraftvollen, mutigen, vertrauenden Bereiche in mir, wenn ich ihnen Raum gebe, indem ich die Gedanken, die aus diesen Bereichen kommen, mithilfe meines Bewusstseins verstärke. Wir erinnern uns an die erhöhten Gehirnaktivitäten in den impulsgebenden Hirnbereichen … ich rege sie immer weiter an, wenn ich diesen Gedanken Raum in mir gebe, bewusst, aber erst recht unbewusst.

Meine Gedanken zeichnen mir also schlichtweg eine emotionale Landkarte meines Gehirnes, darum geht es. Sie zeigen mir, woher sie kommen, wenn ich auf ihre Auswirkungen auf meinen Körper und meine Emotionen achte.

Indem ich ihnen sorgfältig Gewicht verleihe oder Aufmerksamkeit entziehe, stimuliere ich bewusst die entsprechenden Gehirnteile.

Wenn ich weiß, dass in jenen Bereichen, in denen diese positiven, großen Gedanken entstehen, mehr Energie fließt, wenn ich diese Gedanken mit meinem Bewusstsein unterstütze, dann geht auf einmal sowohl von meinem ganzen Körper als auch von meinen Emotionen ein starkes Energiefeld aus.

Wenn du einen positiven Gedankenimpuls in dir wahrnimmst, dann innehältst und erkennst, dass ein Teil deines Gehirnes diesen großartigen Gedanken denkt, wenn du aufmerksam wirst, ihn bewusst wiederholst und damit dein Bewusstseinszentrum mit dem Teil, in dem der Impuls entstanden ist, vernetzt, dann ändert sich dein komplettes Energiesystem, und zwar ganz von selbst.

Wenn du dann noch weißt, dass dein Gehirn mit deinem ganzen Körper vernetzt ist, Impulse sowohl aus dem Darm als auch aus dem Bauchhirn kommen, aus deinem Sexualzentrum, deinen Chakren, aus jeder Zelle, wenn du weißt, dass du letztlich ein einziges, großartiges, wahrnehmendes Wesen bist und dass im Gehirn alle diese Wesensanteile zusammenlaufen und sich dort über deine Gedanken spiegeln, dann weißt du:

Deine bewusst gedachten großartigen Gedanken verändern den Zustand deines gesamten irdischen Daseins.

Wissen wir längst. Aber nur, wenn ich verstehe, dass meine Aufmerksamkeit nicht nur die Energie der Gedanken verstärkt, sondern vor allem die Anteile in mir nährt, aus denen heraus sie entstanden sind, kann ich das endlich auch für mich voll und ganz anerkennen! Warum? Ich bin eine Frau.

Die männliche Antwort auf das Leben ist: »*Ich befruchte, ich gebe Impulse nach außen*«.

Die weibliche: »*Ich nehme auf, ich gebe Impulsen in mir Raum und nähre sie.*«

Gedankenkraft zu nutzen, um mein Leben zu gestalten, ist, schamanisch betrachtet, männlich. Ich gebe meine Gedankenkraft, mein Feuer, nach außen, befruchte das Leben und bekomme Antwort vom Leben in Form von Gelegenheiten und »Zufällen«.

Große, kühne, friedliche Gedanken zu nutzen, um mich selbst zu nähren und die Anteile in mir zu stärken, deren Wirksamkeit mir guttut und die hilfreich sind, um gesund, glücklich und auf welche Weise auch immer erfolgreich zu leben, ist der weibliche Weg.

Selbstverständlich sind wir alle männliche und weibliche Wesen zugleich, egal, ob wir Männer oder Frauen sind. Beide Wege sind gleichermaßen wertvoll und wichtig. Aber erst zusammen ergeben sie das ganze Bild. Und nur wenn wir Gedankenkraft sowohl nach außen (schöpferisches Feuer) als auch bewusst nach innen (nährende Energie) richten, bleiben wir im Gleichgewicht.

Wie gehen wir damit um, wenn wir erkennen, dass wir versuchen, uns selbst mithilfe unserer Gedanken auszubeuten? Dass wir zwanghaft werden, uns eine unangenehme Situation schöndenken, statt sie zu verlassen? Dass wir versuchen, den anderen mithilfe unserer Ge-

danken zu manipulieren? Wie erkennen wir, wann wir besser auf unser Bauchgefühl hören sollten, das sich auch in Form eines Gedankens ausdrückt (wie auch sonst?), und wann es sinnvoll ist, neue Gedanken auszuprobieren? Denn nicht alle Gedanken sind unsere. Und nicht alle stimmen, sind der Situation angemessen. Wir haben sehr unterschiedliche, aber gleichermaßen starke Stimmen in uns, versierte Lobbyisten: Da gibt es die Stimme der Schmerzvermeidung, die Stimme des Lustgewinns, da ruft die Stimme der verinnerlichten Mutter, des Vaters, und dann gibt es noch die oft überhörte innere Stimme, die uns mit unserer ureigenen tiefen Wahrheit verbindet …
All diese Anteile und noch viele mehr nutzen unsere Gedanken, um sich mitzuteilen. Es ist also wichtig, herauszufiltern, welcher Anteil in uns überhaupt denkt und welche Absichten er hat. Denn nur weil sich ein Gedanke logisch und zwingend anhört, ist er noch lange nicht das Beste für eine Situation, noch lange nicht dienlich. Er könnte auch einfach der Schmerzvermeidung dienen, aber dennoch vernünftig klingen. Im Gegenzug können dir Gedanken, auch wenn sie verworren klingen und dich in ein großes »Ich weiß es nicht« hineinstürzen, die Antworten auf viele Fragen schenken.

ÜBER DEN VERSTAND

Es gibt eine wichtige Instanz, die leider zunehmend gering geschätzt wird: den gesunden Menschenverstand. Wie oft höre ich: »Ich muss lernen, den Kopf auszuschalten, um auf das Herz zu hören.« Das nehme ich anders wahr, lieber Leser.

Du darfst lernen, zu unterscheiden, welche inneren Botschaften und Impulse von woher kommen, wenn du glaubst, die Gedanken »deines Kopfes« engten dich ein.

Immer dann, wenn ein Gedanke dich eng macht und dir Energie nimmt, dir etwas ausreden will, das sich gut anfühlt, also ein Spielverderber-Gedanke, kannst du davon ausgehen, dass dieser Gedanke nicht aus dem Verstand kommt, sondern im Angstzentrum entstanden ist. Das Angstzentrum will dich in Sicherheit wissen. Alles Neue, alles, was dich aus deiner Komfortzone herausführt, ist für das Angstzentrum unerträglich. Die Gedanken des Angstzentrums hören sich sehr eindringlich an, sehr überzeugend, das müssen sie auch. Es will dein Leben schützen, dieses Zentrum.

Dein Verstand dagegen versucht nur, die Dinge in einen Kontext zu stellen, den er kennt, nicht, dich dazu zu bewegen, etwas zu vermeiden! Der Verstand ist emotionslos, gibt nur sachdienliche Informationen.

Ein Beispiel: Ich bin neulich von meinem Pferd gefallen. Seitdem habe ich Angst, zu reiten, auch wenn ich natürlich sofort danach wieder in den Sattel geklettert bin. Mein Angstzentrum legt mir sehr nahe, von nun an höchstens Bodenarbeit zu machen, am besten mein Pferd gleich abzuschaffen. Es könnte mich treten oder anderweitig in Gefahr bringen. Das hört sich sehr logisch an, ich bin fünfzig Jahre alt, und es gibt sehr gute Argumente gegen das Reiten, mein Angstzentrum fährt durchaus einige Geschütze auf. Ist es vernünftig, nicht mehr zu reiten? Vielleicht. Mein Verstand legt mir diese Idee nicht nahe. Er sagt einfach nur:»Du weißt, dass du noch nicht reiten kannst, also lerne es.« Mein Verstand ist sehr klug, er sagt nämlich auch:»Was willst du wirklich? Du willst doch einfach mit diesem Pferd zusammen sein, das kannst du auch vom Boden aus. Also lasse dir Zeit, und entscheide in Ruhe.« Mein Verstand weiß, dass ich Angst habe und dass die Situation deshalb heikel werden könnte. Er weiß aber auch, dass es durchaus Menschen gibt, die vom Pferd fallen und dennoch sehr fröhlich weiterreiten. Er weiß sogar, was ich auf höchster Ebene wirklich will, und ermutigt mich, es anzugehen: eine bewusste, liebevolle, respektvolle Beziehung mit meinem Pferd, in der wir unser beider Potenzial entfalten können. Er gibt mir lediglich diese unterschiedlichen Informationen. Er rät mir zu nichts. Er zeigt mir nur das, was er über die Situation »vom Pferd fallen« und über meine wahren Beweggründe weiß. Das Angstzentrum dagegen hat eine völlig andere Absicht. Es will, dass ich sicher bin, sogar wenn das bedeutet, auf etwas zu verzichten, an dem mein Herz hängt. Und was sagt ebendieses Herz? Meinem Herzen ist es völlig egal, ob ich reite oder auf dem Pferd Kunststückchen mache oder einfach nur mit ihm zusammen einen Sonnenuntergang anschaue. Es will mit diesem Wesen zusammen sein, weil ich es liebe, fertig. Sinnvoll wäre jetzt, genau zu schauen, wer in mir eigentlich reiten will, und dann zu entscheiden, wie wichtig dieser Wunsch in Wahrheit überhaupt ist – ob ich wegen dieses Wunsches das Risiko, das ja tatsächlich besteht, eingehen will oder nicht. Vermutlich werde ich es herausfinden, zur richtigen Zeit.

Kommt das an, was ich sagen will? Es ist wirklich unklug, den Verstand außen vor zu lassen. Denn der Verstand sammelt all die Erfahrungen, die du, aber auch andere mit einem Thema erlebt haben, und das kann sehr wertvoll sein! Denn, und das ist der fundamentale Unterschied zum

Angstzentrum, er sammelt diese Erfahrungen neutral, ohne emotionale Bewertung.

Der gesunde Menschenverstand, so nenne ich ihn gern, weil dieser Ausdruck im Gegensatz zu »Verstand« nicht negativ besetzt ist, gibt dir wertvolle Hinweise zu einem Thema, die in die Bildung einer Handlungsgrundlage einfließen dürfen und auch sollten. Das kann die Amygdala, das Schmerz- und Angstzentrum, nicht, weil sie eine ganz andere Aufgabe hat.

Immer dann, wenn jemand »Da funkt mir mein Kopf dazwischen« sagt, meint er in Wahrheit die angstbesetzte Kontrolle. Das ist wichtig zu wissen, damit wir nicht eine sehr wichtige Instanz ungehört, ein wertvolles Potenzial ungenutzt lassen.

Der Verstand ist in der Lage, zu unterscheiden, was dir und deinem Weg dienlich ist und was nicht, ohne zu werten, also zu verurteilen.

Damit du die Verantwortung für dich und dein Leben übernehmen kannst, brauchst du ein wesentliches Werkzeug: Aufmerksamkeit. Denn wenn du gar nicht mitbekommst, was in dir vor sich geht, dann hast du auch keine Handhabe, es zu ändern. Du kannst es dir einfach nicht leisten, mental vor dich hinzuschlurfen, wenn du dein Leben ernsthaft ändern oder zumindest bewusster leben willst.

Es ist sehr hilfreich, wenn du den Tag über aufmerksam bist und deine Gedanken, also den inneren Dialog mit dir selbst, wie einen Schatz behandelst, den es zu entdecken gilt. Das ist wie eine Schatzsuche, du machst dich auf die Suche nach dir selbst. Und schon jetzt wirst du eines bemerken: Du kannst dich am besten an jene Gedanken erinnern, die mit einer deutlichen emotionalen Reaktion besetzt sind, meistens mit einer unangenehmen.

Warum ist das so? Weil dein Gehirn unangenehme Gefühle weitaus bewusster und deutlicher wahrnimmt als angenehme. So sind dir auch deine dazugehörigen Gedanken weitaus präsenter.

ÜBER DAS EGO

»Das ist nur mein Ego!«, sagst du, wenn du ein Bedürfnis hast, das dein Schmerzvermeidungssystem in Schwierigkeiten bringt. Wie kann ein Bedürfnis das Vermeidungszentrum in Gang setzen? Nun, wenn du einmal zu oft keine liebevolle, positive Antwort auf eine Anfrage nach der Erfüllung eines Bedürfnisses bekommen hast, dann beginnst du, dich für dieses Bedürfnis zu schämen. Etwas an dir scheint falsch zu sein, glaubst du, wenn dir ständig die Erfüllung eines Bedürfnisses oder Wunsches versagt wird, von wem auch immer.

»Nimmst du mich mal in den Arm?«, bittest du als Kind, eine ganz natürliche und gesunde Anfrage. Wenn die Umarmung nur widerwillig, unkonzentriert oder viel zu flüchtig und kurz geschieht, dann bleibst du im Mangel. Bleibst du zu oft im Mangel, dann bildet sich ein Überzeugungskonstrukt, ein Geflecht aus Erklärungen, die dir helfen wollen, diesen Mangel zu ertragen. Und es bildet sich ein Vermeidungsverhalten. Du lässt dich irgendwann gar nicht mehr in den Arm nehmen, weil der Schmerz und die Scham des unerfüllten Bedürfnisses zu groß werden – du richtest dich im Mangel ein, wirst »umarmungsmagersüchtig«. Irgendwann glaubst du selbst, dass du keine Umarmungen brauchst, und wehrst körperliche Nähe ab, unbewusst. Vielleicht findest du irgendwann sogar Kuscheltiere blöd, symbolisieren sie doch das Bedürfnis nach Zärtlichkeit.

Aha, denkst du, und? Wollten wir nicht über das Ego reden? Tun wir, wir sind schon dabei. Allzu oft nämlich erlebe ich, dass dieses Vermeidungsverhalten mit dem Ego assoziiert wird. Aber, und das ist das Verdrehte, nicht einmal das Vermeidungsverhalten selbst, sondern das darunterliegende Bedürfnis, das voller Scham und auch einer guten

Menge Trotz durch deine Abwehrhaltung hindurchschimmert. Und das tut mir immer sehr leid. Denn wenn wir unseren Bedürfnissen nicht mit Mitgefühl begegnen, sondern sie mit einem »Das ist nur mein Ego« abtun, verpassen wir eine großartige Chance, uns selbst zu heilen und glücklicher zu werden. Gerade wenn wir uns für ein unerfülltes Bedürfnis schämen, brauchen wir jemanden, der uns zuhört, uns ernst nimmt und unser inneres Programm ändert. Und das können nur wir selbst sein. Deshalb also: Ich nutze das Wort »Ego« nicht. Denn am Ende erlebe ich immer wieder, dass besonders die Bedürfnisse und Gefühle des Inneren Kindes mit Hinweis auf das Ego, was immer das auch meint, abgewertet werden, und das hilft nicht. Dann suchen sie sich eben einen anderen Weg. Wenn wir tatsächlich über das Ego reden, müssen wir zunächst ganz sorgfältig definieren, was wir überhaupt damit meinen. Deshalb lasse ich es einfach weg. Ich nutze aber sehr gern den psychologischen Begriff »falsches Selbst«. Dieses falsche Selbst ist entstanden, weil wir als Kinder auf unseren ganz natürlichen Ausdruck hin eine verletzende oder unbefriedigende Reaktion bekommen haben und unser Schmerz darüber nicht aufgefangen wurde. Das kann ganz unabsichtlich geschehen sein, aber dennoch ist es geschehen. Je mehr du glaubst, etwas, was du dir wünschst, sei vom Ego gesteuert, desto wichtiger ist es, genau hinzuschauen und das tatsächlich darunterliegende Bedürfnis zu erfühlen und anzuerkennen.

Das falsche Selbst weiß ganz genau, was es zu tun und zu lassen hat, um nach außen hin zu funktionieren.
Es hat dafür gesorgt, dass du als Kind überlebtest. Doch heute, da du erwachsen bist, ist es nicht mehr der ideale Ratgeber, denn du hast auch ein wahres Selbst. Dessen Stimme zu lauschen und sie ernst zu nehmen ist viel sinnvoller, als deinem alten Gefall-Muster zu folgen.

Warum? Weil du jetzt nicht mehr davon abhängig bist, dass dir deine dich versorgenden Bezugspersonen Sicherheit, Nahrung, Liebe, Fürsorge, Wärme und so weiter geben. Das kannst du jetzt alles selbst tun, deshalb hast du die Freiheit, immer deutlicher deinen echten inneren Wahrheiten zu folgen. Auch das falsche Selbst folgt seiner Wahrheit, die da lautet: »Ich tue alles, damit ich versorgt werde, egal, was es mich kostet.« Das war überlebensnotwendig. Jetzt ist es hinderlich, alles zu tun, um zu überleben, wenn das bedeutet, es allen Leuten recht machen zu wollen. Jetzt darfst du dein Überleben und dein Erblühen in die eigenen Hände nehmen, denn jetzt kannst du es.

ÜBER MENTALE UMWELTVERSCHMUTZUNG

Du bist in diesem Land zu hundert Prozent verantwortlich für die Nahrung, die du zu dir nimmst, und damit ist auch emotionale und mentale Nahrung gemeint. Warum »in diesem Land«? Weil wir hier die vollkommene Wahlfreiheit haben. Womit du dich beschäftigst, wo du einkaufst, was du liest und was du dir im Internet und im Fernsehen anschaust, unterliegt nur deiner Kontrolle. Und weil das so ist, haben wir die Freiheit, über mentale Umweltverschmutzung zu reden. Alles, was deine niederen Instinkte anspricht, alles, was darauf abzielt, deine Aufmerksamkeit auf sich zu ziehen, oder dich gar verführen will, alles, was dich in ein emotionales Drama zieht oder dich dazu bringt, zu verurteilen, ist meinem Verständnis nach mentaler Müll. Je mehr du dich mit den Dramen anderer, mit Polemik, mit halb garen, auf Effekthascherei abzielenden Scheinargumenten beschäftigst, desto mehr Gedankenschrott sammelt sich in deinem Mentalkörper an. Im Gegensatz zum physischen Körper hat unser mentales System keine Verdauungs- und Ausscheidungsorgane. Es braucht unsere bewusste Aufmerksamkeit und eine bewusste Entscheidung, wenn wir das, was sich in unserem mentalen System ansammelt, wieder loswerden wollen.

ÜBUNG: *Mentale Entgiftung und Selbstverantwortung*

Bitte überprüfe in den nächsten drei Wochen sehr sorgfältig, mit welchen Gedanken anderer du dich unbewusst oder halbbewusst beschäftigst und welche Gefühle das in dir auslöst. Was hörst du dir an, was liest du? Achte bitte darauf, wie dein Atem fließt, während du die Gedanken und Ansichten anderer hörst, und entscheide sorgfältig, welche du davon in dich aufnimmst und welche nicht. Vertraue sowohl deinem Verstand als auch deinem Bauchgefühl. Gedanken, die dir Angst machen, dich aufregen oder dich in ein Drama hineinziehen, schaden dir. Informationen, besonders Werbung, die dich bei deinen Bedürfnissen packen, schaden dir auch. Alles, was dich verführen will, schadet dir. Enthalte dich bewusst für drei weitere Wochen aller Informationen und Gedanken, die dir ein ungutes Gefühl verursachen. Erlaube weder, dass andere Menschen ihren Emotionalschrott und ihren Gedankenmüll bei dir abladen, noch lasse dich energetisch in manipulative Talkshows hineinziehen. Wenn du dich mit den Gedanken anderer beschäftigst, dann lasse bitte deinen eigenen Verstand und dein eigenes Gefühl, ob stimmig oder nicht stimmig, eingeschaltet. Konsumiere die Gedanken anderer nicht einfach so, stimme nicht aus Bequemlichkeit zu, sondern »kaue« sie sorgfältig, und »schlucke« nur das hinunter, was du für richtig und stimmig hältst.

Suche dir Informationen, die dich erheben, die dein mentales System wahrhaftig nähren und die dich unterstützen, mehr Bewusstsein zu entwickeln. Auch Romane und Filme können dein mentales System wunderbar nähren, es geht nicht darum, Wissen anzusammeln. Letztlich geht es um Folgendes: Die Gedanken, die dir jemand vermittelt, spiegeln seine eigene Gesinnung und

oftmals auch das, was er von dir will, wider. Überprüfe bitte sorgfältig, ob die Gesinnung desjenigen, mit dessen Gedanken du
dich beschäftigst, lebensbejahend und liebevoll ist oder nicht.
Und ob du dich manipuliert fühlst. Bitterkeit, Zynismus, Angst,
Enttäuschung, Hoffnungslosigkeit und Gier anderer sind immer
schlechte Ratgeber, weil sie dein gesamtes Energieniveau senken.
Und mit einem niedrigen Energieniveau denkt man eben auch
wenig energiereiche Gedanken.

Nimm bitte ganz bewusst wahr, wie viel besser es dir geht, wenn
du sorgfältig entscheidest, welche Gedanken du in dich aufnimmst
und zu deinen eigenen machst und welche nicht.

Ganz besonders wichtig für dein eigenes Wohlbefinden ist es, dass du
selbst nicht zur mentalen Umweltverschmutzung beiträgst. Du kannst
denken, was du willst. Achte aber bitte sorgfältig darauf, dass das, was
du bewusst denkst, und die Gedanken, die du in Form von Worten
oder Taten nach außen gibst, dem Leben dienen, also friedlich, liebevoll und mitfühlend sind. Auch klare Worte können mitfühlend
und liebevoll sein. Ja, manchmal ist es geradezu ein Ausdruck von
echtem Mitgefühl, eindeutig und glasklar zu sein und dem Gegenüber dadurch die Chance zu geben, seinen eigenen Standpunkt zu
überprüfen.

Was meine ich eigentlich ständig mit dem Ausdruck »dem Leben
dienen«? Nun, alles, was wir tun (und die Grundlage für unser
Handeln sind nun einmal unsere Gedanken), erhöht oder senkt die
Lebensenergie auf diesem Planeten. Es gibt keine neutralen Hand-

lungen, weil ihre Absicht zählt, das, was du bewusst oder unbewusst durch diese Handlungen erreichen willst. Du kannst sehr genau spüren, ob eine Handlung das Leben in seiner Entfaltung unterstützt oder nicht: Wie fließt dein Atem, wenn du an deine Handlung denkst? Bleibt er tief und ruhig, oder wird er oberflächlich, hastig, oder stockt er? Wie fühlt sich dein Bauch an? Bleibt er weich, oder verkrampft er sich? Dein Körper weiß ganz genau, ob du aus Angst oder aus Liebe und Fürsorge handelst.

Mit dem Ausdruck »dem Leben dienen« meine ich also all die Gedanken und Taten, die nicht auf Schmerzvermeidung und Angst, sondern auf Fürsorge, Achtsamkeit und Respekt dem Leben gegenüber basieren. Auf Zärtlichkeit dem Leben gegenüber. Zärtlichkeit, nicht Sentimentalität! Das ist ein hoher Anspruch, aber das Leben stellt ihn nun einmal. Je mehr wir diesem Anspruch genügen, desto erfüllter sind wir. Warum? Weil wir uns in den Tanz des Lebens einfügen, uns mitreißen lassen, unser Bestes geben, um ihn zu erlernen und zur Meisterschaft zu bringen, statt ängstlich oder trotzig am Rande zu stehen. Am Rande stehen und womöglich über die herziehen, die mühsam die Tanzschritte lernen, dabei straucheln, fallen, aber immer wieder aufstehen, das kann jeder. Zynische Gedanken denken kann auch jeder. Bedenken äußern, negativ sein, das ist leicht. Du hast die Lacher schnell auf deiner Seite, wenn du nur zynisch genug bist, oft genug hast du sogar recht mit deinen Einwänden und Bedenken. Aber das ist ein Pyrrhussieg. Mut machen, das Gute sehen, unterstützen, zärtlich sein, das sind die wahren Künste.

ÜBER GEISTIGE WAFFEN

Es ist schwierig, die machtvolle Energie der Gedanken zu nutzen, wenn sie bereits eine wichtige Funktion erfüllen: Wenn sie uns nämlich ermöglichen, in den Krieg zu ziehen. Je beschämter du bist, desto mehr wirst du dich auf deinen nicht verletzbaren Intellekt verlassen und ihn nutzen, um dir die Beschämung vom Leib zu halten. Warum? Weil Menschen, die andere beschämen, nur durch geistige Waffen gestoppt werden können. Noch einmal: Warum? Weil Menschen, die beschämen, selbst sehr beschämt sind und ihrerseits ihren Intellekt nutzen, um sich über andere zu stellen. Und so weiter. Intellekt, Verstand, logisches Denken sind nicht emotional verletzbar, das schließt ihre Natur aus. Es ist zwar leicht, jemanden mental völlig zu verwirren, nicht umsonst funktioniert die sogenannte Gehirnwäsche. Aber nur dann, wenn du emotional geschwächt bist und deshalb eher aus dem Emotionalgehirn heraus agierst und wahrnimmst. Dann kannst du nicht klar denken. Selbstverständlich lassen sich geistige Waffen auch sehr schön gegen sich selbst richten. Du beschämst dich selbst, machst dich nieder, um nicht von anderen beschämt zu werden. Manchmal sind Ablehnung, Beschämung und andere Formen mentaler Gewalt die einzige Aufmerksamkeit, die wir bekommen haben. Und so geben wir uns selbst das, was wir als Kinder erlebt haben. Sinnvoll ist das nicht. Kümmere dich in diesem Fall bitte um dein Inneres Kind![1]

---

1 Susanne Hühn: Die Heilung des Inneren Kindes, Sieben Schritte zur Heilung des Selbst, Schirner Verlag 2008

WAS SIND GEISTIGE WAFFEN?

- Rechthaberei
- Zynismus
- das letzte Wort haben müssen
- andere durch Wissen beeindrucken
- ständiger Widerspruch
- immer wieder neue Aspekte und Argumente ins Gespräch bringen, um Übereinstimmung zu vermeiden
- die Ansichten anderer nicht gelten lassen, selbst wenn sie ihre logische Berechtigung haben

Menschen, die geistige Waffen nutzen, sagen von sich, dass sie sich durch die richtigen Argumente durchaus überzeugen lassen, sie doch einen Konsens wollen. Doch das stimmt nicht. Sie lassen sich auf ein Weltbild, das mit ihrem nicht übereinstimmt, erst gar nicht ein, deshalb hast du keine Chance, ihnen eine andere Sichtweise zu zeigen. Wozu dienen diese Waffen? Mit geistigen Waffen hältst du dir andere vom Leib. Du hast, um es bildlich auszudrücken, Stacheln nach außen gerichtet. Genau so sieht dein Mentalkörper übrigens aus, wenn du deine intellektuellen Fähigkeiten nutzt, um andere klein zu machen oder in Schach zu halten: stachelig. Du vermeidest Nähe und damit Verletzlichkeit.

Nutzt du geistige Waffen, dann ist dein mentales System »auf Krawall gebürstet«. Großzügige, freundliche und friedliche Gedanken, die dir Glück, Wohlstand und Zufriedenheit verschaffen könnten, finden keinen Widerhall in dir, und sicherlich spiegelt dein äußeres Leben den Kampf, den du gedanklich ständig führst. Natürlich führst du diesen Kampf, weil du denkst, du müsstest das tun, und weil du verletzt bist.

Sicherlich führst du ihn unbewusst und glaubst, du hättest dich einer guten Sache verschrieben und die anderen wären gegen dich. Viele Menschen, die geistige Waffen nutzen, sind zutiefst enttäuscht von der Menschheit, vom Leben und glauben, sie kämpften für eine bessere Welt, gegen Dummheit, gegen Unbewusstheit, gegen Ausbeutung und so weiter. Kämpfen zu müssen, um seine Ziele zu erreichen, aber ist eine Geisteshaltung, kein notwendiges Übel. Probieren wir es aus. Hier ist eine innere Reise, die ich oft anbiete, weil sie so wesentlich ist. Ich nutze sie in diesem Buch ausdrücklich zur Beendigung des geistigen Kampfes.

INNERE REISE: *Das Ende des geistigen Kampfes*

Mache es dir bequem, atme ein paar Mal tief durch, entspanne dich so sehr, wie dir das heute möglich ist. Schließe deine Augen, und gehe in deiner Vorstellung durch ein Tor. Hinter dem Tor liegt eine wundervolle Naturlandschaft, in der du ein wenig spazieren gehst. Während du die Farben der Natur genießt, wird dir klar, dass du tatsächlich oft geistige Waffen nutzt, um recht zu behalten, um dich durchzusetzen, um Verletzungen und Beschämung zu vermeiden. Du weißt vielleicht nicht, wie du das ändern kannst, auch nicht, ob du es überhaupt ändern willst, doch du spürst, es wird Zeit für einen neuen Weg.

Du gehst weiter und bemerkst in einiger Entfernung einen ganz besonderen Platz, der dich vielleicht abschreckt – doch du weißt, es ist wichtig, dir diesen Aspekt deiner selbst anzuschauen. Du betrittst diesen Platz und erkennst, du stehst in einer riesigen Kampfarena.

Und du siehst dich – auf deine Weise in einen Kampf verstrickt, einen Kampf, den du mit geistigen Waffen führst.

Nimm nun bitte wahr, gegen wen du so verbissen kämpfst, auch wenn dir das nicht gefällt. Was sind deine Waffen, wie genau setzt du sie ein? Wofür oder wogegen kämpfst du? Geht es gar um dein Leben? Ist es überhaupt dein Kampf, oder stehst du für jemand anderen im Ring? Was ist die Trophäe, woran würdest du erkennen, dass du gewonnen hast, worum geht es in diesem Kampf wirklich? Nimm ganz genau wahr, auf welche Weise du deine geistigen Waffen einsetzt und was sie bewirken. Und welches Ziel dieser Kampf hat.

Und dann schaue, ob du bereit bist, auf dieses Ziel, diese Trophäe zu verzichten.

Warum? Weil du erkennst, dass du auf diese Weise nicht gewinnen kannst. Und selbst wenn doch, wäre der Preis dafür zu hoch. Du erkennst, wie viel Energie du in diesem Kampf verschleuderst, und spürst, dass es Zeit wird, einen anderen Weg zu gehen.

Denn das, was du vom anderen willst, kann er dir nur schenken, es ist kein Preis, den du gewinnen kannst, egal, was du auch tust. So bitte, verneige dich vor dem anderen, und sage ihm: »Ich erkenne deinen Sieg an, ich gebe mich geschlagen, ich beende nun diesen Kampf.«

Neige deinen Kopf, und erkenne an, dass du verloren hast. Lege alle deine Waffen nieder, egal, wie du dich dabei fühlst. Es gibt einen besseren Weg, um das zu bekommen, was du brauchst. Erkenne deine Niederlage an, und beende den Kampf, hier und jetzt. Du verschwendest nur Lebensenergie.

Verlasse nun bitte den Kampfplatz, gib den Wunsch, das dringende Bedürfnis, zu gewinnen, auf. Erlaube dir, die Leere zu spüren. Ziehe die Rüstung aus. Und jetzt, plötzlich, entsteht ganz in deiner Nähe

ein goldenes Tor, das dich aus der Kampfarena hinausfühlt. Tritt durch dieses Tor hindurch, und nimm wahr, wie du in ein Energiefeld aus Licht, Liebe und Freiheit eintrittst, in einen weiten, lichten Raum, vielleicht auch in eine Naturlandschaft. Du betrittst den Raum des inneren Friedens. Du fühlst dich leicht und frei. Und jetzt strömt genau die Energie, um die du so lange schon gekämpft hast, einfach so in dein Herz. Einfach so bekommst du genau das, was du brauchst, es steht dir zur Verfügung, weil du darum gebeten hast und es dir dient. Das, was du brauchst und was dir dient, fließt in dich ein, du brauchst nicht darum zu kämpfen. Bleibe in diesem inneren Raum des Friedens, und schaue von da aus auf dein Leben. Was ist anders, wenn du nicht mehr kämpfst, welche Gedanken dürfen dir jetzt wie von selbst in den Sinn kommen? Erlaube dir, sie zu denken, ohne sie zu hinterfragen, nimm sie nur wahr. Auch Gedanken sind Wahrnehmungen.

Komme dann in aller Ruhe zurück in den Raum, in dem du dich befindest, und nutze diese Meditation, um nach und nach all deine Kämpfe zu beenden.

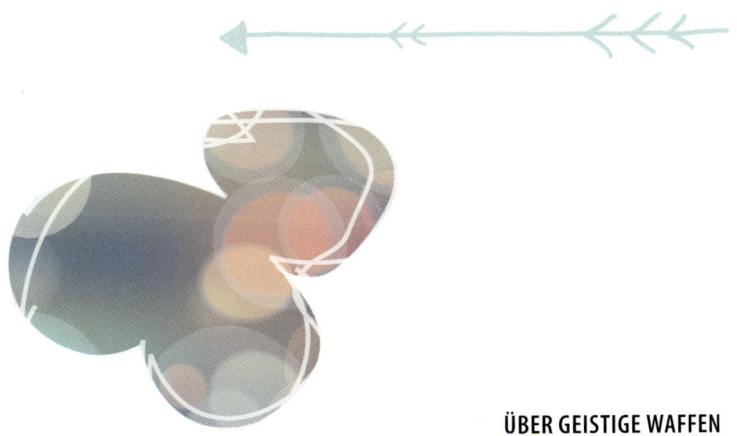

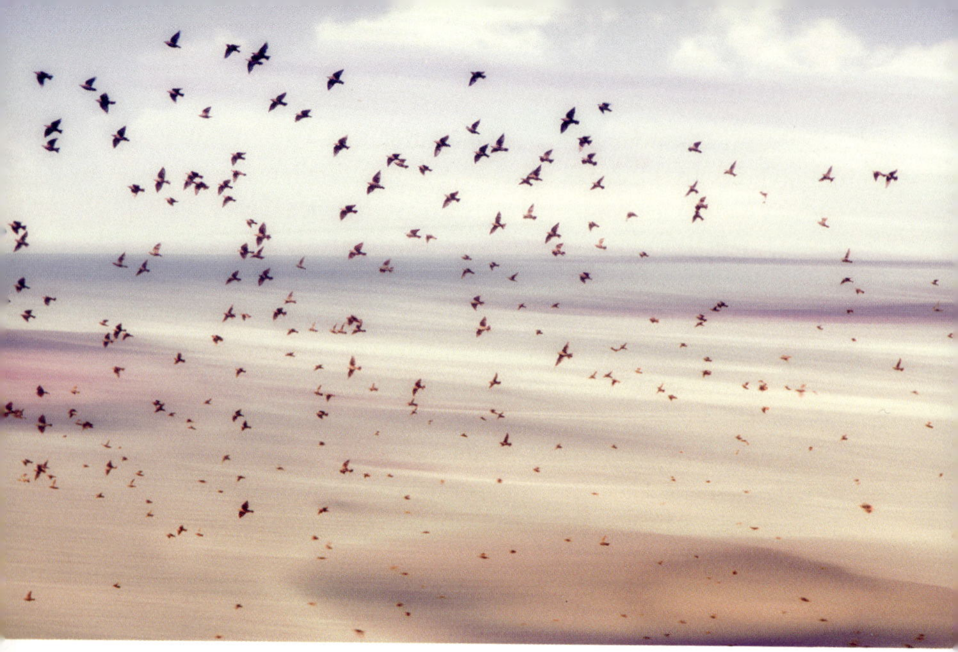

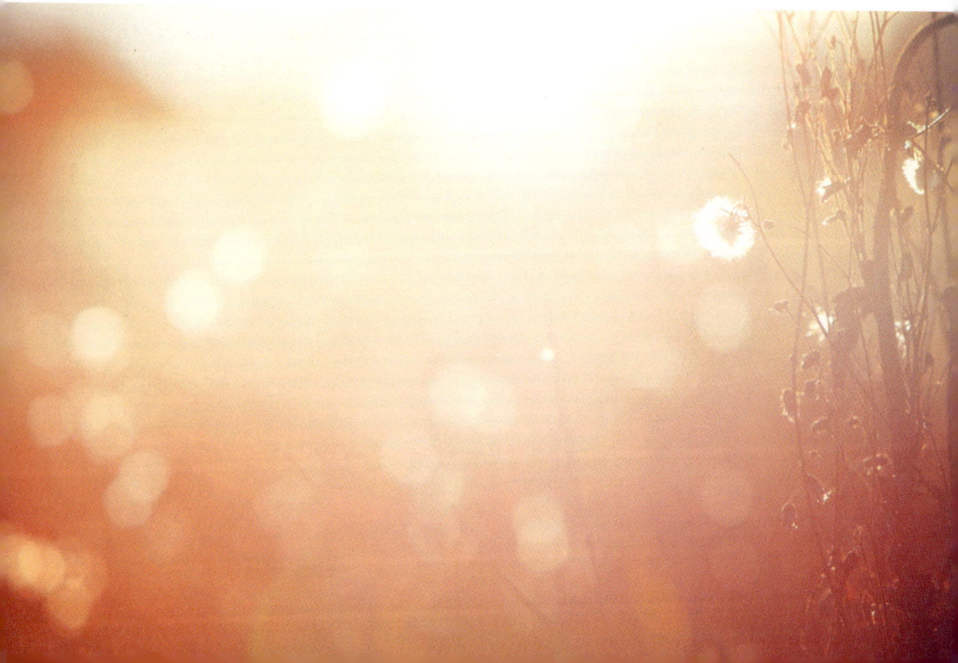

ÜBER DEN MENTALKÖRPER

Gedanken sind Schwingungen. Diese Schwingungen haben eine bestimmte Frequenz, je nachdem, was du denkst. Je bewusster und liebevoller ein Gedanke ist, desto höher ist seine Schwingung. Ist das wissenschaftlich nachprüfbar? Ganz ehrlich, ich weiß es nicht. Können wir uns unabhängig davon einfach auf diese Sichtweise einigen, als Arbeitsgrundlage? Danke.

Ein Gedanke hat also eine bestimmte Frequenz. Auch Gefühle sind Schwingungen und haben eine bestimmte Frequenz, deshalb aktivieren (nicht bedingen!) bestimmte Gedanken die schwingungsmäßig dazugehörigen Gefühle und umgekehrt.

Wie aber nehmen wir Gedanken überhaupt wahr? Lassen wir das physische Gehirn einmal beiseite und wenden uns den feinstofflichen Körperbereichen zu. Da gibt es verschieden große und verschieden dichte Aurakörper, die sich überlappen und deshalb wie Schichten aussehen. Sie durchdringen sich gegenseitig. Jeder Aurakörper ist wie ein Empfänger, mit jedem nimmst du Energien anders wahr – als Gefühl, als Gedanke, als spirituelles Wissen, als Blaupause für deine Seelenabsichten. Es lohnt sich, wenn dich das interessiert, dich näher mit diesen Aurakörpern zu befassen, es gibt hervorragende Literatur darüber.[2]

Der Mentalkörper liegt wie eine Lichtkugel auf den Schultern, durchdringt den Kopf und umgibt ihn. Ist er leicht und frei, dann fühlst du ihn wie eine kribbelnde, dich beflügelnde geistige Kraft. Du denkst

---

2 Barbara Ann Brennan: Licht-Arbeit. Heilen mit Energiefeldern (1998), Licht-Heilung. Der Prozeß der Genesung auf allen Ebenen von Körper, Gefühl und Geist (1994), Goldmann Verlag

kühne, freie Gedanken und hast Geistesblitze. Im Aurafeld des Mental-körpers sehen schnell schwingende Ideen und Impulse tatsächlich wie Blitze aus. Diese Hochfrequenz-Impulse versetzen den ganzen Mental-körper in eine erhöhte Schwingung, verstärken die elektrischen Impulse in den Gehirnzellen, und du hast großartige Ideen. Ist dieser Mental-körper allerdings mit vielen Halbwahrheiten, Gedankenkonstrukten, Glaubenssätzen und nicht zu Ende gedachten Überzeugungen belastet, dann können diese Lichtblitze nichts bewirken. Sie zucken hindurch, versetzen den Aurakörper aber nicht in schnellere Schwingung. Ihre Energie kann mit dem langsam schwingenden, weil mit Gedanken-konstrukten belasteten Mentalkörper nicht in Resonanz gehen. Und so versanden die guten Ideen, sie kommen gar nicht an, werden schon im Ansatz von niedrig schwingenden Gedanken übertönt.

Trägst du viele Verurteilungen, Glaubenssätze und geistige Waffen mit dir herum, nutzt du gar deinen Intellekt rechthaberisch wie eine Waffe, dann hat sich dein Mentalkörper verdichtet und könnte nun aussehen wie eine Taucherglocke, die schwer auf deinen Schultern liegt.

ÜBUNG: *Die Taucherglocke abnehmen*

Greife doch einmal bitte um deinen Kopf herum, so, als berührtest du einen schweren, großen Helm. Du wirst merken, dass deine Hände genau wissen, wie groß dieser Helm ist. Und dann nimm diesen Helm einfach ab. (Stelle dir gegebenenfalls einen Kran vor, der dir dieses tonnenschwere Konstrukt von den Schultern nimmt ...) Es kann sein, dass es ein bisschen im Kopf zieht,

auch am Nacken oder in den Schultern, vielleicht gar im Gehirn. Erlaube dir, dich von dieser Taucherglocke zu lösen, und stelle dir vor, während du die Augen schließt, wie du mit dieser Taucherglocke alle deine Gedankenkonstrukte, deine Vorstellungen und besonders deine negativen Überzeugungen ablegst. Lege diese Taucherglocke vor dich hin, mache eine echte Bewegung, damit wird es für deinen Körper real. Du lässt wirklich etwas los. Nun stelle dir bitte vor, dass sich ein Lichtball um deinen Kopf herumlegt und ihn zu durchströmen beginnt, klares, reines, funkelndes Licht, das deinen Nacken durchflutet und die Schultern berührt. Lichtvoll, leicht und blitzschnell strahlt die Energie dieses neuen Mentalkörpers und berührt jetzt dein Gehirn, gibt ihm neue Informationen. Dieser neue Mentalkörper steht in Verbindung mit der höchsten, göttlichen Intelligenz.

Es ist sogar möglich, dass dein gesamter Kopf mit verschwindet, wenn du den Mentalkörper ablegst. Lasse ihn neu entstehen. Es wird Zeit für neue Gedanken und neue Wahrnehmungen.

Es kann sein, dass du das ein paar Mal machen musst, um anhaltende Erleichterung zu spüren, bestimmt schleppst auch du riesige mentale Systeme mit dir herum …

Vertraue dem inneren Prozess. Dein System weiß am besten, was es braucht, um freier und lebendiger zu werden. Lebendigkeit setzt sich am Ende durch, immer. Darauf können wir uns verlassen. Das Leben lässt sich auf die Dauer nicht aufhalten. Manchmal gehört sogar das Sterben zum Prozess des Lebendigerwerdens.

Hier die Übung noch einmal als ausführlichere innere Reise, mit der du deinen Mentalkörper reinigen und erneuern kannst, damit du große, kühne, kluge Gedanken denken kannst.

INNERE REISE: *Die Erneuerung deines Mentalkörpers*

Gehe in deiner Vorstellung durch ein Tor – du trittst ein in eine andere Welt, eine Welt, in der die Dinge eine tiefere Bedeutung haben. Dir wird bewusst, dass sich sehr viele Überzeugungen in deinem Mentalsystem angesammelt haben, die dich daran hindern, neue Gedanken zu denken, neue Ideen zu bekommen.

Du gehst spazieren, bemerkst auf einmal, dass die Landschaft hügeliger wird. Stetig führt dein Weg bergauf, doch du hast die Kraft, ihn voller Leichtigkeit zu gehen. Ab und zu bleibst du stehen, genießt die Aussicht auf das weite Land und kommst immer mehr zur Ruhe. Freiheit und Frieden erfüllen und durchströmen dich. Irgendwie, spürst du, hat alles seine Ordnung, und du bist ein Teil davon. Irgendwann gelangst du zu einer ganz besonders zauberhaften Stelle, es ist, als läge dir sogar der Himmel zu Füßen. Die Sonne geht gerade auf, und du beobachtest das zarte Spiel des Lichtes mit sich selbst, verbindest dich mehr und mehr mit ihm, fühlst dich eins mit dem allmählichen Wechsel der Energien, der Farben. Und während du dich immer mehr auf die Veränderung einstimmst, beginnt dein Mentalkörper, der wie eine Energiekugel um deinen Kopf und deine Schultern herumliegt, sich aufzulösen. Vielleicht ist er sehr schwer, dann rufe einen Engel oder einen geistigen Führer deines Vertrauens, und bitte darum, dass er

dir den Mentalkörper wie eine schwere Taucherglocke vom Kopf herunterzieht. Vielleicht ist dein Mentalkörper ein Konstrukt aus scharfen Kanten, aus unendlich miteinander verflochtenen Glaubenssätzen – woraus auch immer er besteht, seine Aufgabe kann er auf diese Weise nicht erfüllen. Du erlaubst also mehr und mehr, dass sich dein Mentalkörper auflöst, in den Sonnenaufgang hineingezogen wird, die aufsteigende Sonne saugt ihn förmlich auf. Die Sonne, die Kraft des Feuers, löscht alle Konstrukte und Verflechtungen, löst ganz besonders die Gedanken der Angst und der Enge in ihrem Licht auf. Das Licht wechselt von Violett zu Rosa und jetzt zu Rot – jede Lichtfrequenz löst andere Bereiche deines mentalen Systems und löscht sie. Das, was wesentlich ist, bleibt, doch all die Konstrukte, Ideen, Vorstellungen, all die erschaffenen Gedanken, die Versuche, dein Leben durch deine Gedanken zu kontrollieren, lösen sich im machtvollen Wechselspiel der Farben auf. Vielleicht erkennst du, während das geschieht, einige immer wiederkehrende Gedankenmuster, vielleicht erkennst du, wie sehr du dieses einst so wertvolle Instrument deiner Angst überlassen hast. Vielleicht spürst du auch die Schwere, die entstanden ist, weil du viel Druck und Kontrolle ausübtest.

Immer lichter und freier wird der Bereich um deinen Kopf und deine Schultern. Es kann sein, dass du körperlich dennoch gerade jetzt die Lasten spürst, die du all die Jahre und Jahrzehnte in deinem Mentalkörper mit dir herumgeschleppt hast.

Jetzt steigt die Sonne über den Horizont, und du spürst, wie ihr Licht alle deine mentalen Konstrukte, vielleicht sogar den ganzen Mentalkörper in sich aufsaugt, sie nimmt ihn mit sich.

Du schließt die Augen, spürst die Wärme der Sonne, ihre Energieblitze – und erlebst, wie sich um deinen Kopf herum ein neuer Mentalkörper zu formen beginnt. Du kannst auf einmal viel klarer denken, wie das die Aufgabe des Mentalkörpers ist, er setzt Energie in Gedanken um. Du nimmst nun auch Synergien, Zusammenhänge und Synchronizitäten wahr, wo du vorher vielleicht nur Ratlosigkeit erlebtest. Von nun an brauchst du keine Zusammenhänge mehr zu konstruieren, sondern du erkennst, auf welche Weise die verschiedenen Ebenen des Daseins tatsächlich miteinander vernetzt sind, aber auch, wo sich unterschiedliche Gesetzmäßigkeiten zeigen. Dieser neue Mentalkörper beginnt nun, sich mehr und mehr mit deinen Zellen und den entsprechenden Gehirnarealen zu verbinden, du spürst dabei vielleicht eine Art Druck im Kopf, vielleicht aber auch gar nichts.

Es gibt nichts zu tun, dieses neue Aurafeld bildet sich von ganz allein, du kannst es einfach geschehen lassen. Versprich dir selbst, dieses feine Energiefeld nur dem Licht, den tatsächlich wirkenden Energien, nicht mehr deiner Angst zur Verfügung zu stellen, und entscheide, von nun an zu überprüfen, ob das, was du wahrnimmst, sei es innen oder außen, wirklich stimmt.

Ruhe dich noch ein wenig aus, und wenn du so weit bist, dann komme mit diesem neuen Mentalkörper in diesen Raum zurück.

ÜBER GEDANKENWESEN

In einigen schamanischen Lehren sagt man: Gedanken sind Wesenheiten. Es gibt sehr lichtvolle, bewusste, erhabene, aber auch dunkle Gedankenwesen, und es liegt an uns selbst, welche wir anziehen, welchen wir Raum und Herberge geben. Diese Gedankenwesen wissen genau, ob sie willkommen sind, ob sie sich unbemerkt an dir laben können oder ob du ihnen Nahrung verweigerst.

Das erscheint mir eine sehr sinnvolle und vor allem hilfreiche Sichtweise zu sein.

Wenn wir uns mit dieser Art, Gedanken zu beschreiben, in der Wirklichkeit umsehen, die wir erschaffen haben, dann kommen wir nicht umhin, das Getümmel der dunklen Gedankenwesen zu erkennen. Mit beinah jedem Brief von irgendeinem Amt kommen dunkle, angsteinflößende Gedankenwesen mit. Mit jeder Werbesendung reisen Gedankenwesen, die sich von deiner Aufmerksamkeit ernähren und dich umgarnen. Und das auch noch absichtlich, vom Absender gewollt. Womit auch immer du dich beschäftigst, es ist Nahrung für eine bestimmte Sorte von Gedankenwesen – und das ist doch eine hervorragende Nachricht! Denn nun kannst du die Verantwortung für die Gedanken, die du anziehst und die du dann auch unweigerlich denkst und oft genug glaubst – und denen du dadurch erlaubst, dein Leben zu gestalten! –, übernehmen.

Je höher deine eigenes Energiesystem schwingt, je mehr Lebendigkeit, Freude, Liebe und Mitgefühl durch dich hindurchströmen und dein Leben bestimmen, desto lichtvollere Gedankenwesen fühlen sich bei dir wohl.

Ohne jede Wertung, nur als Bild, könnte man das so beschreiben: Schleuderst du ständig niedrige Energie nach außen, nörgelst du, bist du unzufrieden, ständig verletzt, schuldzuweisend, grollend und passiv-aggressiv verweigernd, schlurfst du energetisch gesehen durch dein Leben, dann fühlen sich Zecken, Bremsen und Ratten sehr wohl bei dir. Wie gesagt, ohne jede Wertung für die Tierarten, mir geht es nur darum, aufzuzeigen, in welcher Gesellschaft du dich befindest. Erhebst du deine Energie, wirst du aktiv, entscheidest du dich, mehr Verantwortung für dich und deine Reaktionen zu übernehmen, dann verschwinden die Zecken und die Bremsen. Die Ratten fangen an, dich zu unterstützen, statt dich zu benagen, und es gesellen sich Kaninchen, Katzen, Hunde zu dir. (Ohne Wertung, gib mir bitte eine Chance, etwas verständlich zu machen!) Hinterfragst du dich selbst, entscheidest du, an dir zu arbeiten, um deine eigenen inneren Programme nach und nach in Frieden und in die Heilung zu bringen, dann findest du dich in einer würdevollen Pferdeherde wieder, vielleicht sind ein paar Einhörner und ein Pegasus dabei. Du schwimmst mit einer Schule Delfine, Wale umkreisen dich ... Du verstehst.

Ich arbeite schamanisch, jedes Tier, ja, jedes Lebewesen hat den gleichen Wert, wie alles Leben, darum geht es nicht. Es sind nur Metaphern. Ich hoffe, du konntest diese Bilder ohne Widerspruch für dich nutzen.

Und hier eine Aufmerksamkeits- bzw. Achtsamkeitsübung:

ÜBUNG: *Welche Gedankenwesen begleiten dich?*

Erlaube heute, dass bei allem, was du tust, in dir ein inneres Bild entsteht: Bitte die Gedankenwesen, die sich jeweils bei dir aufhalten, darum, dass sie sich dir zeigen. Lasse deiner Fantasie freien Lauf, erlaube den Gedankenwesen, sich ihrer zu bedienen, damit sie dir innere Bilder zeigen können. Gedankenwesen sind Bewusstseinswesen, elektrisch, beinah nichtstofflich, sie haben keine Körper. Deshalb braucht es deine inneren Bilder, damit sie sich für dich sichtbar machen können. Nimm also wahr, wie sich die Gedankenwesen zeigen – und lasse dich nicht täuschen. Niedrig schwingende Gedankenwesen »verkleiden« sich gern, Täuschung gehört zu ihrer Natur. Bestehe darauf, dass sie sich dir in ihrer wahren Natur zeigen, und glaube dir und deinen inneren Wahrnehmungen, auch wenn sie dir nicht gefallen. Dein Gefühl trügt dich nicht, du kannst dir vertrauen.

Bitte nun in einer ruhigen Minute darum, dass sich dir die lichtvollsten Gedankenwesen, für die es möglich ist, sich in deiner Nähe aufzuhalten, zeigen. Nimm Kontakt mit diesen lichtvollen Gedankenwesen auf, und frage sie, was du tun oder lassen darfst und auch solltest, damit sie sich dauerhaft bei dir wohlfühlen, damit noch lichtvollere Gedankenwesen Nahrung bei dir finden.

Höre ihnen genau zu, und glaube ihnen. Wenn sich ihre Botschaften in dir weit und frei, wenn auch womöglich unbequem, so doch wahr anfühlen, dann nimm ihre Botschaften auch für wahr. Und nun kommt der immer alles entscheidende Trick: Halte dich daran. Handle danach.

Enthalte dich allem, was niedrig schwingende Gedankenwesen anzieht, sie geradezu anlockt. Und nähre die lichtvollen Gedankenwesen. Es liegt in deiner Hand – wo denn sonst?

ÜBER DAS BEWERTEN

»Du sollst nicht bewerten« ist das Credo all derer, die sich mit einem wie auch immer gearteten spirituellen Bewusstseinsweg befassen. Das stimmt, und es stimmt zugleich auch nicht. Was bedeutet »bewerten«? Etwas anhand einer Richterskala, eines Bewertungssystems einzuordnen. Und das ist sehr sinnvoll. Die Frage ist nur: Welches Bewertungssystem legst du deiner Einschätzung zugrunde? Was spirituelle Lehrer in Wahrheit meinen, ist: »Du sollst nicht verurteilen.« Denn du weißt nie, in welchen Schuhen jemand geht, wozu das, was er tut, dient und welche Erfahrungen er für sich zu machen gewählt hat. Dennoch darfst (und solltest!) du natürlich sehr genau einschätzen, wie du mit einer Angelegenheit umgehst, und das kannst du nur, wenn du eine Bewertung, eine Einschätzung vornimmst.

Eine sinnvolle Bewertungsgrundlage bieten diese Fragen: Erhöht das, was geschieht, was dir angeboten wird, was ein anderer tut, deine Lebensqualität? Dient es dem Leben? Wird die Grundlage einer Handlung, eines Angebotes aus Achtung vor dem Leben, Zärtlichkeit und Respekt gebildet?

Du verstehst. Selbstverständlich schaust du genau, was du annimmst und was nicht. Dein Körper tut den ganzen Tag nichts anderes. Sauerstoff: annehmen. Stickstoff, Kohlendioxid: ablehnen. Bestimmte Nährstoffe: verarbeiten, in sich aufnehmen. Andere: ausscheiden. Aber der Körper verurteilt die Stoffe nicht, die er ausscheidet, er nimmt sie nur nicht auf, weil er sie für sich als schädlich erkannt hat. Traue dich also bitte, Einschätzungen vorzunehmen und danach zu

handeln. Denn vor lauter Sorge, du könntest verurteilend sein, traust du dich womöglich nicht mehr, Entscheidungen darüber zu treffen, was du in deinem Leben haben willst und was nicht.

Ich erlebe das in Gruppen oft so: Angenommen, es geht um eine Beziehung. Der Partner ist unfreundlich, missachtend, hört nicht zu, man fragt sich, was die beiden eigentlich zusammenhält. Doch: »Ich liebe ihn bedingungslos …« (oder gar: »Ich sollte ihn doch bedingungslos lieben«), »… deshalb muss ich ihn doch so lassen, wie er ist«, sagt die Partnerin, die ziemlich unglücklich aussieht. Natürlich gilt das auch andersherum.

Ich sage dann: »Du kannst ihn so bedingungslos lieben, wie du willst. Aber deshalb musst du dir noch lange nicht alles gefallen lassen und auch keine Beziehung mit ihm führen. Du darfst Bedingungen stellen und Wünsche haben. Denn es ist ja deine Beziehung, die du führst. Du darfst nur nicht darauf bestehen, dass der andere deine Bedingungen auch erfüllt! Tut er das nicht, darfst du allerdings sorgsam einschätzen, ob diese Art der Beziehung jene ist, die du führen möchtest.«

In all dem steckt keine Verurteilung. Aber eine Einschätzung, eine Bewertung auf dieser Grundlage: Macht mich diese Beziehung glücklich, werde ich gehört, kann ich mich in dieser Beziehung entfalten, und tut das mein Partner auch?

Überprüfe also deine Bewertungsgrundlagen, aber mache dir bitte die Mühe, dir selbst eine Einschätzung zu erlauben. Warum? Weil du das sowieso tust. Deine Gefühle und deine Gedanken sind ein sehr deutlicher Spiegel dafür, wie du eine Situation erlebst, wie du sie einschätzt, was sie mit dir macht.

Was wären zum Beispiel zweifelhafte Bewertungsgrundlagen?

»Macht er alles so, wie ich es will?«

»Sind die Dinge so, wie ich sie mir vorstelle, sind sie so, wie ich sie haben will?«

»Erlaubt mir die Situation, in meiner Komfortzone zu bleiben?«

Überprüfe also bitte sorgfältig den Maßstab, den du anlegst, und korrigiere ihn. Anlegen aber darfst du ihn schon, denn sonst wirst du zum Spielball all dessen, was um dich herum geschieht. Du gibst sonst schlichtweg deine Selbstverantwortung und auch deine Selbstfürsorge aus der Hand.

ÜBER ERWARTUNGEN

»Ich habe keine Erwartungen«, höre ich manchmal, und das klingt immer sehr entspannt. Es stimmt manchmal auch. Aber nicht immer. Denn meistens haben wir sehr wohl Erwartungen, und sei es, dass wir uns wohl und aufgehoben fühlen und dass das für uns »Richtige« geschieht. Und das ist auch gut so. Gesunde Erwartungen zu haben richtet dein Energiefeld aus – auf das Wie kommt es an. Und auf die Zieladresse unserer Erwartungen.

Gerade eben hatte ich ein sehr typisches Erlebnis, das zeigt, wie Erwartungen wirken: Ich bin mit einer Klientin verabredet, sie kommt um zehn, das ist in zwanzig Minuten. Der Raum ist noch kühl, die Katzentoiletten sind noch nicht gesäubert, ich will noch eine Maschine Wäsche starten, alles kein Thema. Mein Partner verspricht, Feuer im Therapieraum zu machen, er ist noch anderweitig beschäftigt. Ich gehe in den Keller, tue die Wäsche in die Maschine, reinige die Katzentoiletten, fege den Keller durch, weil er wirklich ziemlich dreckig ist – und gerate in Zeitdruck. Ich lausche nach oben – nichts, er hat immer noch kein Feuer angezündet, das wird knapp. Ich fege, und ich erkenne meine unterschwellige Erwartung: Er wird mich im Stich lassen, es nicht hinkriegen, auf den letzten Drücker das Feuer anmachen, das ist unprofessionell und nervt. Er hat versprochen, sich um das Feuer zu kümmern, und er wird mich enttäuschen. Ha!, denke ich und fege weiter. Das fühlt sich nicht gut an, ich bin schon jetzt enttäuscht und sauer, obwohl er mich noch gar nicht im Stich gelassen hat. Nur weil ich das erwarte! Ist das klug? Nein. Es kostet mich nur Lebenszeit. Also: Wie schlimm wäre es, wenn das Feuer noch nicht brennen würde, wenn die Klientin kommt? Nicht so schlimm. Es ist nicht kalt, nur ein wenig kühl, das wird schnell warm. Ich kann es mir also erlauben, keinen Rabatz zu machen, sondern meine Erwartungshaltung zu korrigieren. Denn bis jetzt hat mich mein Partner noch nie im Stich gelassen, er erledigt die Dinge zumeist gerade rechtzeitig. »Gerade rechtzeitig« ist für mich zwar anstrengend, aber ich weiß tief in mir, dass er auch heute gerade rechtzeitig das Feuer anzünden wird. Gerade rechtzeitig genügt. Und so korrigiere ich meine Erwartung an ihn: Er wird es genau dann erledigen, wenn es Zeit ist, genau zum richtigen Zeitpunkt, und ich gebe ihm diese Chance. Ihm, aber auch mir selbst.

Diese gerechtfertigte Erwartung habe ich deshalb, weil er mir ein Versprechen gegeben hat und weil ich mich auf das stütze, was ich von ihm kenne.

Das spüre ich ganz deutlich, während ich weiterfege (das Fegen bringt mich immer zum Nachdenken): Ich öffne mein Energiefeld, indem ich meine Erwartungen auf das Positive richte, und gebe dem Leben damit eine Chance. Ich erhöhe meine eigene Energie und bin damit auch offen für positive Ergebnisse.

Und klar macht er Feuer. Gerade rechtzeitig. Hätte er das versäumt, hätte ich noch immer Zeit gehabt, enttäuscht zu sein, und zwar zu Recht, denn er hatte es versprochen. Was einem versprochen wird, darf und sollte man auch erwarten. Aber vorauseilende Enttäuschung zu praktizieren, also durch nichts gerechtfertigte negative Erwartungen zu haben, ist ziemlich unklug.

»Wenn du keine Erwartungen hast, dann wirst du auch nicht enttäuscht«, das ist so ein Satz, den man oft hört, und er klingt sehr erleuchtet. Ist er vielleicht auch, und mir fehlt noch ein Stück zum Glück. Aber mir kommt er vor allem sehr desillusioniert vor. Ich glaube, diesen Satz sagst du erst, wenn du einmal so richtig enttäuscht

wurdest, und so klingt er für mich sehr nach Schmerzvermeidung. Ich bin dafür, Erwartungen zu haben. Ich bin aber noch viel mehr dafür, genau hinzuschauen, wo diese Erwartungen sinnvoll und vernünftig sind und wo nicht. Denn ich unterscheide zwischen gerechtfertigten Erwartungen, die du deshalb hegen darfst, weil du ein Versprechen bekommen hast, und ungerechtfertigten Ansprüchen, die du aus deinen Wünschen und Bedürfnissen ableitest.

Du darfst erwarten, wenn dir jemand etwas verspricht, sei es, dass er einen Vertrag mit dir abschließt oder dir eine wie auch immer geartete, ausdrückliche und bewusste Zusage macht, dass er sich auch daran hält. So entsteht Vertrauen: Jemand verspricht etwas und hält sich daran. Nichts vom anderen zu erwarten, obwohl du einen Vertrag mit ihm abschließt, ergibt keinen Sinn. Genauso willst du ja auch, dass dein Gegenüber von dir erwartet, dass du deine Versprechen einhältst – dadurch hast du die Gelegenheit, dich als verlässlich zu erweisen.

Wenn du ein Seminar bei mir besuchst, dann darfst du erwarten, dass ich für dich da bin und mein Bestes gebe. Wenn du dich mit einer Freundin verabredest, dann darfst du erwarten, dass sie pünktlich kommt. Und so weiter. Schwierig werden Erwartungen dann, wenn dein Seelenheil und dein innerer Frieden, ja, sogar dein Leben davon abhängen, dass sie erfüllt werden. Wenn du also keine Handhabe hast, dich gegen Nichterfüllung eines Vertrages zu wehren.

Ein Beispiel? Dein Auto war in der Werkstatt. Du musst erwarten können, dass es fahrtüchtig ist, wenn dir der Mechaniker das sagt. Erfüllt er deine Erwartungen nicht, ist er also unzuverlässig, dann kann das für dich lebensgefährlich werden.
Erwartungen zu haben, nachdem dein Gegenüber dir die Erfüllung dieser Erwartungen zugesichert hat, ist absolut sinnvoll.

Das wahre Problem sind die ungerechtfertigten Ansprüche, die aus deinen Illusionen erwachsen. Wenn du also glaubst, einen Anspruch auf die Erfüllung deiner Erwartungen zu haben, ohne dass dein Gegenüber dem zugestimmt hat.

Ein Beispiel? Du machst bei einer Castingshow mit. Du darfst erwarten, dass die Juroren dir aufmerksam, wohlwollend und mit einem professionellen Hintergrund zuhören und deine Leistung aufgrund ihrer geschulten Wahrnehmung einschätzen. Das wurde dir zugesichert. Du kannst aber nicht erwarten, dass du eine Runde weiterkommst, denn das hat dir keiner versprochen – das ist ein Anspruch, der, wenn du ihn in eine Erwartung wandelst, zu großer Enttäuschung führen kann.

Du kommst in eines meiner Seminare und erwartest ein bestimmtes Ergebnis, ohne das mit mir abgesprochen zu haben, also ohne mir die Gelegenheit zu geben, dir zu sagen, dass ich deine Erwartungen nicht oder nur bedingt erfüllen kann. Am Ende bist du enttäuscht, und es wäre besser für dich gewesen, eben keine Erwartungen zu haben – oder aber angemessene. Du erwartest, dass dich das Leben nicht verletzt, ohne dass dir das Leben diese Zusage gemacht hat. Und so weiter, du verstehst.

Immer wenn deine Hoffnungen und Wünsche zu einer Erwartungshaltung führen, ohne dass du denjenigen, der sie erfüllen soll, fragst, ob er dazu bereit und in der Lage ist, dann kommst du in Schwierigkeiten und läufst Gefahr, enttäuscht zu werden. Deshalb aber sind nicht alle Erwartungen grundsätzlich schlecht, im Gegenteil.

Wenn du mit Tieren arbeitest, dann ist deine Erwartung an das Tier sogar entscheidend für das Ergebnis, das du erzielst. Erwarte von ihm, dass es macht und kann, was du willst, gib ihm einfach gar keine an-

dere Wahl, traue es ihm zu (natürlich im Rahmen seiner Möglichkeiten!), dann macht es das auch. ABER: Erwarte es freundlich, immer mit Hinblick darauf, dass diese Erwartung eher ein unterstützendes Energiefeld sein sollte als ein ergebnisabhängiges. Und dass du dich irren könntest, was seine (und deine!) momentanen Fähigkeiten betrifft. Pferde spiegeln dir ganz meisterhaft deine Erwartungen wider, denn sie lesen deine Körperspannung. Erwartest du, dass es Schwierigkeiten gibt, dann kannst du ziemlich sicher sein, dass du recht hast. Erwartest du, dass alles glattläuft, dann wird auch das üblicherweise bestätigt. Was du allerdings nicht erwarten kannst, ist, dass ein Tier oder ein Mensch deine emotionalen Wünsche und Ansprüche erfüllt. Dafür bist du schon selbst zuständig.

Ein Beispiel, eines mit einem Tier, weil ich im Moment sehr damit beschäftigt bin: Ich bin auf dem Weg zu einem Seminar, habe aber noch einen kurzen Besuch im Stall eingeplant. Ich habe frische Pfefferminze dabei, die fressen Pferde angeblich gern, und sie ist gesund für ihren Verdauungstrakt. Ich freue mich also auf einen kuscheligen Moment mit meiner Stute, ich werde ihr die Pfefferminze geben, sie wird sich dankbar an mich schmiegen, ich streichle sie, wir sehen uns in die Augen, haben einen Freundinnenmoment, und ich fahre beglückt zu meinem Seminar. Mir ist gar nicht bewusst, welche hohen Ansprüche ich an diesen Moment habe, weil mein Bedürfnis nach Nähe zu ihr so groß ist.
Ich komme an, es stehen eine Menge Pferd herum, meines mittendrin. Es kommt auf mich zu, aber das tun die anderen auch, wissen sie doch, dass ich etwas zu fressen habe. Eines von ihnen ist ziemlich fordernd, und ich muss es energisch zurückweichen lassen. Mein Einhorn-Kuschel-Glitzerwunsch wird also schon jetzt empfindlich von der Realität berührt. Aber so leicht lasse ich mich nicht von Tatsachen

aus meinen Träumen holen ... Ich reiche meiner Stute die Pfefferminze und halte ihr sanft die anderen Pferde vom Leib, schütze sie also, wie eine liebevolle Pferdeführerin das tut. Pustekuchen. Sie spuckt das Zeug aus und dreht mir den Schweif zu. Die Frage »Willst du mich veräppeln?« steht ihr quer über ihren wirklich sehr schönen Hintern geschrieben. Auch die anderen rühren das Kraut nicht an. So weit zu dem Freundinnenmoment ... Ich sorge freundlich dafür, dass sie sich wieder herumdreht, den Hintern darf sie mir nicht zudrehen, ich gebe ihr einen halben Apfel und sammle die Pfefferminze wieder auf. Aber etwas in mir ist ernsthaft traurig, ja, irgendwie habe ich das Gefühl, ich habe sie enttäuscht. Pferde sind Spiegel, ich habe diesen Moment nicht herstellen können ...

Merkst du was? So funktioniert das nicht. Mein Bedürfnis nach Einheit mit ihr war an die Bedingung geknüpft, dass sie sich so zärtlich verhält, wie ich das gerne hätte. Auf dem Weg zum Seminar verstehe ich, dass ich die Einheit mit ihr nicht von Bedingungen abhängig machen darf, auch oder schon gar nicht von emotionalen. Ich hätte innerlich bei ihr bleiben können, sie mag Pfefferminz nicht und zeigte es mir, indem sie sich herumdrehte, aber sie ging ja nicht weg! Sie blieb bei mir und gab mir Gelegenheit, mich weiter mit ihr zu befassen, was ich ja auch tat – aber emotional war ich distanziert, traurig, enttäuscht. Sogar beschämt, als hätte ich versagt. Verstehst du? ICH habe den Moment verhindert, weil ich mich innerlich in dem Augenblick abgewandt habe, als ich mich verletzt fühlte, ja, ich schämte mich sogar, weil ich ihr etwas brachte, was sie nicht mochte. Vielleicht spiegelte sie mir durch das Hinternzuwenden sogar meine innere Distanz. Beziehungsstatus: Es ist kompliziert ... aber nur, weil ich ungerechtfertigte Ansprüche habe.

Deine Erwartungen formen deine Wirklichkeit, weil deine Erwartungen den Energiezustand spiegeln und verstärken, in dem du dich

befindest. Besonders deine negativen Erwartungen verlangen nach Aufmerksamkeit, denn sie ziehen dein Energiefeld nach unten und spiegeln die Erfahrung von Enttäuschung und Schmerz. Beobachte dich liebevoll, und lasse dich von deinen negativen Erwartungen zu deinen Verletzungen hinführen, damit sie heilen dürfen. Erwartungen sind also ein wichtiges Werkzeug, um dein Leben zu gestalten – wenn du, wie oben beschrieben, sorgfältig zwischen Wünschen und Hoffnungen und gerechtfertigten Erwartungen unterscheidest. Eines darfst du immer erwarten, und zwar von dir selbst: Dass du, egal, was passiert, einen Weg finden wirst, damit umzugehen. Diese sehr kluge Erwartung an dich selbst zu hegen schafft Selbstvertrauen. Du darfst zu jeder Zeit von jedem das Beste erwarten – und zuallererst von dir selbst. Dann wird dir das Leben auch entsprechend antworten.

Nutze also deine bewussten Erwartungen, um deine Energien auszurichten. Nutze deine unbewussten Erwartungen, um deinen Verletzungen auf die Spur zu kommen. Und hüte dich vor deinen Ansprüchen, die sich oft hinter einem falsch verstandenen Selbstwertgefühl verbergen. »Ich habe es doch verdient, dass …« Hm, so funktioniert das nicht. Du erntest, was du energetisch säst. Dieses Säen findet auf so vielen unterschiedlichen Ebenen statt, ist so vielschichtig, dass es sehr viel Achtsamkeit und Bewusstheit braucht, um dem Gärtner in uns auf die Spur zu kommen. Diese Frage lohnt sich, und auf sie darf unser Hauptaugenmerk gerichtet sein: »Was habe ich gesät?« Und wenn wir schon dabei sind, lohnt sich auch diese Frage: »Wie kann ich etwas anderes säen?« Deine Erwartungen, deine Gedanken, deine Imaginationen und alles, was du sonst noch tust, um als Schöpfer zu fungieren, sind großartige Helfer. Aber noch nicht die höchste Ebene der Schöpferkraft, dazu später mehr. Der Satz »Das habe ich verdient« ist deshalb nicht ausschließlich hilfreich, weil es immer eine innere Stimme in dir geben wird, die dich zu Recht fragt: »Stimmt das wirklich?« Wer hat dir zugesichert, dass du dieses oder jenes Ergebnis bekommen wirst, wenn du dich nur genügend anstrengst oder freundlich bist oder womit auch immer du dir das Gute verdienen möchtest? Natürlich ist es sehr sinnvoll, den Gedanken »Das habe ich verdient« zu hegen, wenn du ständig glaubst, du habest das Gute eben nicht verdient. Doch dieser Gedanke nährt auch die unangemessenen Ansprüche, die unweigerlich zu Enttäuschungen führen.

ÜBER POSITIVE AFFIRMATIONEN

Als ich diesen Weg zu mir selbst zu gehen begann, wie die meisten Menschen aus eigener Not, fiel mir gleich als Erstes das vorhin erwähnte Buch von Louise L. Hay in die Hände, und sie eröffnete mir eine völlig neue Welt. Eines ihrer Hauptwerkzeuge sind positive Affirmationen, also bewusst gedachte positive Bestätigungen, die dein Leben verändern sollen.

Alles, was ich brauche, kommt leicht und einfach zu mir.
Mühelos erreiche ich mein Idealgewicht.
Auf natürlichste Weise treffe ich meinen Seelenpartner.
Ich bin voller Liebe, leicht und frei.
Ich bin bereit, das Bedürfnis nach Unglück aufzugeben.

Und so weiter. Was bewirken positive Affirmationen? Keine Wunder. Das ist nicht ihre Aufgabe. Sie bewirken etwas Besseres: Sie öffnen dein Energiesystem für mehr Lebendigkeit und Liebe. Aber nur, und das ist die Krux, wenn du bereit bist, dich deiner Affirmation auch hinzugeben. Was heißt das? Eine Affirmation ist kein Werkzeug, mit dem du am Leben »herumschrauben« kannst. Sie ist eine Einladung an dein Inneres, dich selbst für das, was du bestätigst, zu öffnen. Wenn du erwartest, dass das Leben auf deine Affirmationen reagiert und dir beschert, was du willst, dann wirst du enttäuscht werden. Wenn du aber erlaubst, dass du dich selbst deiner Bestätigung hingibst, dich ihr verschreibst, sie als Auftrag an dich selbst verstehst, dann eröffnen sich dir auf einmal völlig neue Wege. Das Leben ist nicht erpressbar und nicht lenkbar, indem du ein paar positive Sätze sprichst. Dabei spielt es auch keine Rolle, ob du sie glaubst oder nicht.

Das Leben reagiert wie ein Pferd auf deine wahre, ungeschminkte innere Haltung. Eine Affirmation nun, wenn du sie nach innen sinken lässt und dich ihr öffnest, lässt dein ganzes Energiesystem höher schwingen, weicher werden, durchlässiger. Und dadurch ziehst du auch außen andere Energien an. Eine positive Affirmation aktiviert, um es ganz pragmatisch zu sagen, andere Gehirnteile in dir als die negativen, angstbasierten Affirmationen. Dadurch verändert sich dein Hormonstatus, du aktivierst andere Gefühlsbereiche, deine Körperhaltung ändert sich, und das Leben reagiert auf deine veränderte Ausstrahlung. Es ist sinnvoll, finde ich, Affirmationen nicht als Magie zu verstehen, sondern zu erkennen, dass du dir durch diese bewusst gesprochenen positiven Sätze eine Art Selbstdisziplin auferlegst: Du erlaubst dir nicht, im Schmerz, in der Enttäuschung und in Befürchtungen zu schwelgen, sondern reißt dich am Riemen und richtest dich selbst auf positive Ergebnisse aus. Darum geht es. Also finde Affirmationen, die du für möglich hältst, damit du dich ihnen öffnen kannst. Eine Affirmation ist wie ein Computerbefehl, den du nach innen gibst. Deine Systeme antworten entsprechend, das erkennst du am Gefühl, das in dir aufsteigt. Entsteht während einer positiven Affirmation kein Gefühl in dir, dann ist sie für dein System nicht stimmig. Das innere Programm antwortet nicht. Du hältst das, was du bestätigst, in Wahrheit nicht für möglich. Zwinge dich nicht dazu, dir zu glauben. Finde einen positiven Ausdruck, den du für möglich hältst.

Ein Beispiel:»Ich bin immer voller Liebe« ist keine sinnvolle Affirmation, weil es einfach nicht stimmt. Das erwartet auch keiner von dir. Eine hilfreiche Affirmation ist:»Ich bin immer wieder bereit, in den Zustand des Mitgefühls und der Liebe zurückzukehren.« Das kannst du leisten, und deshalb wirkt diese innere Bestätigung auch.

Dazu eine Facebook-Stimme: »Der Kernsatz lautet für mich: ›Entsteht während einer positiven Affirmation kein Gefühl in dir, dann ist sie für dein System nicht stimmig.‹ Und das ist die Krux dabei. Denn sehr, sehr viele Menschen, mit denen ich arbeite, können positive Affirmationen über sich ganz einfach nicht annehmen, weil sie sich als nicht wertvoll, würdig genug erachten. Sie können es nicht fühlen. Ein bekannter Traumatologe meinte übrigens im letzten Seminar, bei dem ich dabei war, dass er Affirmationen für nicht förderlich, sondern sogar kontraproduktiv hält bei traumatisierten Menschen (und wer von uns ist nicht traumatisiert?), weil sie weiter in die Desintegration führen, weil man sich dann wiederum unfähig fühlt, positiv über sich zu denken. Er vertritt die Meinung, dass zuerst einmal anerkannt werden muss, was ist. Dass wir uns zuerst einmal so (unvollkommen) annehmen müssen, wie wir uns jetzt fühlen.«

Antwort: Es geht darum, die positive Affirmation zu finden, die auch emotional passt – wir dürfen uns da abholen, wo wir stehen. »Ich bin bereit, das Trauma auf die für mich richtige Weise loszulassen und zu heilen« ist auch eine positive Affirmation. Es geht nicht darum, positiv über SICH zu denken, sondern dem Leben auf eine so positive Weise zu begegnen, wie das möglich ist – das darf ganz klein, ganz wenig sein. Eine hilfreiche Affirmation ist: »Ich bin bereit, zu lernen, mich mit meinen verletzten und unverletzten Teilen anzunehmen.«
Allerdings ist auch klar, dass du nur dann in der Lage bist, eine bewusste Affirmation zu gestalten, wenn du klar denken kannst. Bist du im Trauma gefangen, dann hält dich deine Aufmerksamkeit im Stammhirn fest, und hier kannst du keine bewussten Gedanken fassen. Dann braucht es Hilfe durch besondere Techniken von einem Traumatherapeuten.

ÜBER NAGENDE GEDANKEN

Kreisen deine Gedanken immer wieder in der gleichen Schleife? Steigt aus deinem Inneren immer wieder ein nagender Gedanke auf, der dich verstört, verunsichert und dir kein gutes Gefühl vermittelt?

Nagende Gedanken haben meistens recht. Es ist sehr klug, auf sie zu hören. Sie zeigen immer ein Ungleichgewicht an, eine Angst, ein Gefühl, auf das du nicht hörst, ja, manchmal auch eine Warnung. Wenn du einen Gedanken nicht loswirst, dann ist es wirklich wichtig, ihn ernst zu nehmen. Er muss inhaltlich nicht stimmen, aber er will dich auf etwas aufmerksam machen. Setze dem keine Affirmationen entgegen, sonst gerätst du in einen Kampf, den du nur verlieren kannst – und das ist gut so. Dein Inneres will gehört werden, und es wird nicht lockerlassen, bis du ihm Raum gibst. Habe keine Angst vor dem »Negativen«, das da in dir aufsteigt. Es ist einfach ein Hinweis, damit du reagieren kannst.

Noch einmal, ich kann es nicht oft genug sagen: Sorge dich nicht um deine Befürchtungen, du hast einen Grund für diese Gedanken. Gib ihnen Raum, sei ihnen gegenüber freundlich, schenke ihnen und damit dir selbst dein Mitgefühl. Und dann setze ihnen eine neue, liebevolle Absicht entgegen. Wenn du dich nicht ständig von den Ängsten anderer in den Bann ziehen lässt, wirst du dadurch immer friedlicher und gelassener, das geht gar nicht anders. Negative Gedanken verwirklichen sich NICHT, nur weil du ihnen zuhörst. Sie verwirklichen sich dann, wenn du dein ganzes System in diesem angsterfüllten Zustand weiterschwingen lässt. Aber nicht, weil sie magisch sind, sondern weil du eben in einem sehr niedrigen Zustand schwingst.

Hast du eine Depression, dann gehören nagende Gedanken zum Krankheitsbild. Das ist hier nicht gemeint! Suche dir in diesem Fall bitte Hilfe, diese Übungen nutzen dann nicht viel, weil sie eine ganz andere Absicht haben. Das, was ich dir mit diesen Übungen vermitteln will, kann dein Gehirn nicht oder nur kurzzeitig leisten, wenn du eine klinische Depression oder eine andere psychische Erkrankung hast.

Hier also eine Innenreise, eine Übung, mit der du deinen nagenden Gedanken Gehör verschaffen kannst. Noch einmal: Warum solltest du das tun? Weil sie fast immer eine wichtige Botschaft haben, dich piksen, weil es etwas in dir zu erkennen gilt.

INNERE REISE: *Nagenden Gedanken Raum geben*

Mache es dir bequem, erinnere dich, du bist in einem sicheren Raum, alles ist gut. Es gibt nichts zu tun, du brauchst niemandem zu gefallen, du darfst ganz und gar sein, wie du bist. Weil das so ist, kannst du dich so sehr entspannen, wie dir das nur möglich ist. Atme nun ein paar Mal tief durch. Stelle dir nun vor, du sitzt an einem Lagerfeuer, alles ist friedlich und gut. Das Feuer wärmt dich auf ideale Weise, du sitzt oder liegst bequem und fühlst dich vollkommen sicher. So sicher, dass du es dir leicht erlauben kannst, jenes Gedankenwesen einzuladen, das dir diese nagenden Gedanken sendet. Bitte es, zu dir ans Feuer zu kommen, damit es dir seine Botschaft übermitteln kann.

Es kann sein, dass du statt eines Gedankenwesens auf einmal dein Inneres Kind erkennst oder ein Krafttier, vielleicht aber erscheint auch ein dir völlig unbekanntes Wesen. Lasse es sein, wie es ist. Die Botschaft kommt aus deinem Inneren, und so erscheint genau der innere Anteil, der diese Botschaft vermitteln möchte. Nun schaue bitte, ob du durch eine dunkle Schnur, eine Energiefaser, mit diesem Gedankenwesen verbunden bist, das bei dir am Feuer sitzt. Wenn ja, dann bitte darum, dass dir ein Werkzeug in die Hand gelegt wird, mit dem du diese dunkle Schnur durchtrennen kannst, denn womöglich gehört dieses Gedankenwesen gar nicht zu dir.

Gibt es keine dunkle Schnur, oder erkennst du, dass euch nach dem Durchtrennen der dunklen Schnur eine leuchtende Lichtfaser miteinander verbindet, dann höre ihm bitte genau zu. Denn dann hat es tatsächlich eine wichtige Nachricht aus deinem Inneren für dich. Was immer nun geschieht, erlaube es bitte, egal, wie du dich dabei fühlst. Deine Schmerzvermeidung ist sicherlich gerade sehr aktiv, das darf sie auch sein. Erlaube dennoch, dass das Gedankenwesen dir seine Botschaft in aller Klarheit übermittelt. Das ist eine große Herausforderung für dich, doch du kannst das. Fühle auch die Erleichterung, weil du dich nicht mehr wehrst, sondern dir selbst zuhörst.

Glaube bitte dieser inneren Botschaft, wenn sie sich für dich tief im Bauch wahr anfühlt. Du erfährst vermutlich etwas, was du schon lange weißt, und meistens geht es nur darum, diese innere Wahrheit anzuerkennen.

Frage dieses Gedankenwesen, was es sich von dir wünscht, was zu tun ist. Es steht in Kontakt mit deiner tiefsten Wahrheit und kennt die Antwort. Bitte das Feuer um den Mut und die Kraft, das, was dir nahegelegt wird, in die Tat umzusetzen. Dabei unterstützt dich das Feuer. Du schaust in die Flammen, sie schlagen ein wenig

höher. Das Feuer oder seine Wärme, je nachdem, was sich für dich besser anfühlt, strömt nun auf die ideale Weise in dich ein, sehr sanft, genau dahin, wo du innere Feuerkraft und Mut brauchst.

Lasse dir zeigen, was für dich zu tun ist. Vielleicht geht es nur darum, etwas abzuklären oder zu überprüfen, vielleicht aber wird es auch Zeit, in die Tat zu kommen und etwas zu ändern. Das muss womöglich nicht sofort geschehen, versprich dir aber bitte, alles daranzusetzen, deine innere Botschaft zu verwirklichen.

Bleibe noch am Feuer sitzen, danke dem Gedankenwesen für seine Hartnäckigkeit, und verabschiede dich von ihm.

Komme dann in deiner Zeit zurück in den Raum, in dem du dich befindest. Du kannst dir vom Feuer jederzeit Mut und Tatkraft geben lassen.

ÜBER DAS NEGATIVE DENKEN

Wieso konzentrieren wir uns eigentlich auf das, was unser Leben erschwert, wenn wir es nicht bewusst ändern? Sind wir so negativ? Oder einfach unfähig, Glück wahrzunehmen? Natürlich nicht. Dein Gehirn ist bestrebt, dein vitales System mit möglichst wenig Energieaufwand am Laufen zu halten. Du besitzt ein in Jahrmillionen ausgereiftes, faszinierendes Energiesparsystem. Dein gesamter Körper ist so angelegt, möglichst wenig Energie zu verbrauchen, um möglichst lange zu überleben. Gefühle zu erleben ist höchst anstrengend, der Herzschlag verändert sich, der Körper muss Hormone ausschütten, es ist einfach ein ziemlicher Energieaufwand, den du durch Energiezufuhr wieder ausgleichen musst.

Das Gehirn beschränkt sich darauf, dich nur dann aus dem Bewusstseins-Dämmerschlaf emporzuschrecken, wenn es nötig ist – also wenn Gefahr droht. Und um diese Gefahr zu mindern, denkst du eben zunächst einmal negativ.
Sinnvoll? Nein. Hilfreich? Ja! Denn wenn du erst gar nicht auf die Straße gehst, wenn du vermeidest, kann dir nichts passieren. Aber das Leben findet dann eben ohne dich statt ...

Wenn dir etwas Wundervolles passiert, dann ist das für dein Lebenserhaltungssystem nicht besonders interessant. Wenn du aber in eine schwierige Situation gerätst, dann fahren die Systeme hoch – damit du handlungsfähig bleibst.

Wahrscheinlich wirst du erschrecken, wenn dir bewusst wird, was du so den ganzen Tag denkst. Es ist schwierig, sich selbst zu beobachten,

ohne sich zu bewerten, und wahrscheinlich gelingt dir das nur sekundenweise. Das macht nichts. Das, was du spürst, ist das Erschrecken und vielleicht auch die Trauer über die Erfahrungen, die dir das Leben zugemutet hat. Denn alles, was du denkst, ist aus gelebtem Leben entstanden. Jeder emotional besetzte Gedanke (und nur diese haben überhaupt Schöpferkraft) spiegelt eine echte, gefühlte Erfahrung.

Unser Problem sind nicht unsere Gedanken, sondern unsere Überzeugungen. Das, was wir glauben, ohne es überprüft zu haben, die Gedanken, die blitzschnell in einer Schocksituation entstanden sind und sich nun zur Lebensmaxime aufplustern. Gib ihnen in dir Raum. Nimm dir Zeit, anzuerkennen, was du glaubst.

Habe bitte keine Angst davor, dass sich deine negativen Gedanken durch deine bewusste Beschäftigung mit ihnen manifestieren. Du erforschst deine Überzeugungen, das ist etwas ganz anderes, als wenn du sie zur Handlungsgrundlage erhebst. Sie verwirklichen sich erst dann, wenn du ihnen eben nicht zuhörst.
Die Verwirklichung ist die nächste Ebene, damit du deinen eigenen Energiestatus und die dazugehörige Bewusstseinsstufe erkennst.

Es ist meistens ein verletzter innerer Anteil, der felsenfeste Überzeugungen produziert. Erforschst du diese nicht, weil du Angst vor ihnen hast, ignorierst du sie, gibst du ihnen keinen Raum, dann nehmen sie sich diesen Raum, und das manchmal recht drastisch. Du erzeugst durch Vermeidung erst recht das, was du nicht haben willst.

Ein Beispiel: Ich ärgere mich ein wenig über eine Unachtsamkeit meiner Familie, irgendjemand hat irgendetwas nicht weggeräumt. »Das macht mich krank!«, denkt es in mir, als ich die Treppe hinuntergehe, und ich werde aufmerksam. Das ist kein guter Gedanke, um den muss ich mich kümmern.

Ich stelle also die wichtigste Frage überhaupt in Bezug auf negative Gedanken: »Stimmt das?«

Werde ich krank durch das Verhalten meiner Familie und meine Reaktion darauf? Hat mein Gedanke recht? Ich spüre: Nein. Es ist aber sehr wichtig, dem Groll, der in mir entstanden ist, keinen Raum zu geben, sondern in Frieden mit dem zu kommen, was ist und was ich nicht ändern kann. So ist dieser Gedanke ein sehr wichtiger Hinweis darauf, achtsamer mit meinen Gefühlen umzugehen und nicht mehr zu erlauben, dass mich das Verhalten anderer zu sehr aus dem Gleichgewicht bringt.

Ein anderes Beispiel? Ich fege meine Straße. Mein Haus liegt an einer viel befahrenen Straße, und die Autos donnern diese entlang, wirbeln den Staub auf, ich fühle mich beim Fegen bedroht. Bin ich übrigens auch. Der Bürgersteig ist an einigen Stellen sehr schmal, die Lkws rasen ein paar Zentimeter an meinem Besen vorbei. Menschen haben ihre Zigarettenkippen in meinen Hof geworfen, vielleicht hat sie auch der Wind hineingeweht – der Fahrtwind der donnernden Lkws zum Beispiel. Was es nicht besser macht. Eine zusammengeknüllte Tüte liegt in meinem Vorgarten. Und eine Bierflasche – das war nicht der Wind. Ich fühle mich äußerst unachtsam behandelt. Muss ich den Dreck der Menschen wegmachen, die ihren Müll einfach vor mein Haus kippen, mitten in meine Blumen hinein? Muss man so achtlos mit mir umgehen?, ärgere ich mich und fege und fege.
Während ich vor mich hinwüte und in Wahrheit natürlich einfach verletzt bin, schaue ich mir genau an, was ich denke, was »es« in mir denkt. Und das ist sehr vielschichtig.

»Ich will hier weg«, jammert der Engel in mir, der den willkürlich in meine Blumen geworfenen Dreck der Leute nicht aushält. Er hält eine ganze Menge nicht aus und will oft weg. »Ich bin einfach wütend!«, tobt ein anderer innerer Anteil. Sogar »Ich hasse Menschen«, denkt es in mir, »zumindest die, die ihren Müll in meine Blumen werfen.«

»Schau mal, ich kann diese Straße fegen, es ist mir nicht zu viel, ich kann den Besen halten, und es ist relativ schnell gemacht«, bemerkt mein Inneres Kind, das sich über den erwachsenen, starken Körper freut. Wie oft musste ich als Kind den viel zu großen Besen halten und war überfordert? »Womit habe ich das angezogen, was ist meine Resonanz?«, fragt sich die spirituell Suchende. Die Antwort darauf ist sehr einfach: Ich habe dieses Haus gekauft, ich habe mich damit bewusst verpflichtet, auch die Straße zu fegen. Dass sie viel befahren ist, wusste ich vorher. Und auch, dass nebenan eine Kneipe ist. Geht es mir damit besser? Nein, das reicht einfach noch nicht.

»Du sollst das alles nicht denken«, denkt es außerdem in mir, »such mal positive Gedanken, du ärgerst dich über etwas, was du nicht ändern kannst!« Ich kann es wirklich nicht ändern, ich habe schon alles probiert, von Feng-Shui über Engelstatuen und einem achtsam postierten energetischen Drachen bis hin zu einem hohen Zaun. Ich halte inne und suche nach positiven Gedanken im Stil von »Entspannt und freudig säubere ich meine Straße« oder »Es macht mir Freude, meinen Bereich sauber zu halten«.

Glaubst du, das funktioniert? Nein. Natürlich nicht. Es stimmt ja nicht, zumindest nicht nur. Alles andere stimmt eben auch. Im Gegenteil, ich habe das Gefühl, ich verdrehe mich, täusche mich selbst. Ich bin ja sauer. Und zwar nicht, weil ich negativ über den Müll denke, sondern weil er daliegt und mich die Unachtsamkeit dahinter verletzt. Man kann nicht achtsam seinen Müll in den Vorgarten anderer Leute werfen, da muss ich mir nichts vormachen. Ich brauche mir noch nicht einmal einzubilden, das sei nicht persönlich gemeint, denn auch das stimmt nicht. Wer das getan hat, wusste: Hier wohnt jemand, der das sauber machen muss.

Ich komme auf einen anderen Gedanken, der auch stimmt: Es ist eine spirituelle Disziplin, den Dreck anderer zu entfernen, es lehrt Demut. Dieser Gedanke kommt, das erlebe ich sehr bewusst, sogar aus einer anderen Inkarnation, ich sehe mich auf den Knien einen Steinfußboden schrubben – in einer Mönchskutte. Ich erinnere mich, dieses Bild in einer Rückführung erlebt zu haben, und auch dieser Mönch hat recht. Und dennoch reicht dieser Gedanke nicht, ich weiß, er stimmt, aber ich bin dennoch wütend. Ich fühle mich ausgenutzt, ich würde mich selbst manipulieren, wenn ich mich nun am Demutsgedanken festhalte. Als Mönch habe ich mich bewusst für den Weg der Demut entschieden, heute will ich einfach nur meine Straße fegen.

Welcher Gedanke also wäre der »richtige«, wenn ich bewusste mentale Selbstverantwortung praktiziere? Und auf einmal erkenne ich ihn.

Er ist ganz einfach, und ich praktiziere den Inhalt dieses Gedankens schon die ganze Zeit. Er kommt aus der Tiefe meines Bauches.

Ja, ich bin verletzt. Ja, ich ärgere mich. Ja, ich bin machtlos, Leute werden eventuell wieder ihren Müll bei mir abladen (und ich sehe durchaus die Analogie), Autos donnern weiterhin vorbei.

Und ich kann dennoch die Straße fegen. Ich kann es einfach dennoch tun. All das hindert mich nicht daran, gelassen meine Aufgabe zu erledigen, ich bin nicht abhängig davon, dass ich mich dabei besonders gut fühle. Ich kann es einfach dennoch tun und danach wieder in mein Haus gehen und meine Katzen streicheln. Ich muss meine Gefühle nicht ändern, ich muss auch nichts durchhalten, ich kann das alles erleben, denken und fühlen und gleichzeitig diese Arbeit verrichten.

Und das ist für mich wirklich bahnbrechend. Ich bin nicht abhängig davon, dass ich mich gut fühle, ich kann es dennoch tun, sogar mit Liebe. Denn das spüre ich plötzlich. Und jetzt erkenne ich, wer in mir diesen Gedanken gedacht hat: die Erwachsene, die weiß, wie das Leben läuft, die sich keiner Illusion hingibt und dennoch in Liebe hier auf der Erde ist. Die Frau in mir, die ähnlich wie die Goldmarie in »Frau Holle« einfach tun kann, was nötig ist, ohne zu murren und auch ohne sich selbst zu manipulieren, bedingungslos. Das macht mich völlig frei. Und diesem Gedanken »Ich kann es dennoch einfach tun« gebe ich nun bewusst Raum, Gewicht und Bewusstsein. Ich fühle mich stark, erwachsen und unabhängig, und das ist großartig. Viel besser, als wenn ich mich mühsam in eine liebende Stimmung versetzt und dem Menschen, der mir die Bierflasche hingeworfen hat, Mitgefühl und Liebe gesendet hätte. Mir ist einfach nicht danach, ihm Liebe zu senden, ich würde ihm am liebsten diese Flasche an den Kopf werfen. Natürlich als spirituelle Lehre und nur als Spiegel für seine Unachtsamkeit …
Ich kann gelassen die Straße fegen. Das reicht mir.

Verstehst du? Es nutzt dir nichts, großartige, »richtige« Gedanken zu denken, wenn sie für einige Anteile in dir nicht stimmen, weil sie anders fühlen! Nicht alles in dir lässt sich durch neue Gedanken regeln, da gibt es viele Bereiche, vor allem entwicklungsgeschichtlich gesehen ältere Hirnteile, die sich von Gedanken eben nicht berühren lassen. Schon gar nicht, wenn deine Ahnenreihe oder, wenn du daran glaubst, eventuell sogar du selbst in früheren Leben andere Erfahrungen gemacht hat. Es gibt in uns ein Körperbewusstsein, das nicht mental ist, sondern nur auf echte, gelebte Erfahrungen reagiert. Viel sinnvoller, als nach »richtigen« Gedanken zu suchen, ist es, nach der Bewusstseinsebene in dir zu schauen, die bereits eine Lösung für dich gefunden hat, die bereits eine innere Haltung einnimmt, die dir dienlich ist, und diese zu stärken.

Und wo finden wir diese Bewusstseinsebenen? Da gibt es viele Möglichkeiten, auch wieder je nachdem, wen man fragt. »Archetypen!«, ruft C. G. Jung von da, wo er sich jetzt befindet. Recht hat er, aber es gibt so viele, dass ich nicht wüsste, welche ich weglassen sollte. »Ich, Über-Ich, Es!«, höre ich Sigmund Freuds Stimme im Hintergrund. Ja, ist aber heute umstritten, oder sagen wir unvollständig. Einigen wir uns für dieses Buch auf ein System, das viele Menschen gut kennen: das Chakrasystem. Jedes der Energiezentren hat eine andere Aufgabe, ein anderes Bewusstsein, gibt andere Signale, denkt dadurch auch andere Gedanken. Was haben wir davon, wenn wir die Gedanken unserer Chakren kennen? Eine Wahl. Nur wenn du deine inneren Stimmen hörst und unterscheiden kannst, kannst du entscheiden, welchen du Raum gibst und welche der Sache, die du verwirklichen willst, nicht dienlich sind.

Hören wir ihnen also zu, den Chakren. Je nachdem, ob ein Chakra offen und frei rotieren kann oder ob es verletzt ist, gibt es unterschiedliche Botschaften. Ich zeige dir die gesunde und die verletzte Variante, damit du auch weißt, woher deine angsterfüllten, das Leben vermeiden wollenden Gedanken kommen. Wie immer werde ich nicht auf das zurückgreifen, was wir schon wissen, sondern es ganz neu aufstellen, damit uns keine wichtigen Impulse verloren gehen.

Wie du aus all diesen unterschiedlichen Impulsen einen großartigen, schöpferischen Gedanken entwickelst, nährst und gebierst, wie du die Welt mit deinen Impulsen befruchtest, das zeige ich dir am Ende. Natürlich kannst du auch gleich dahin blättern.

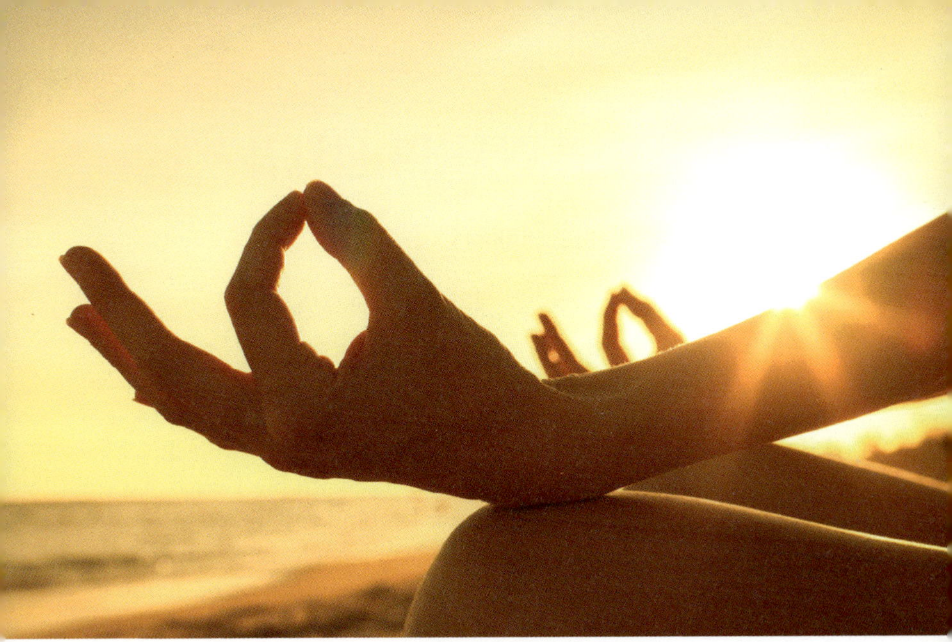

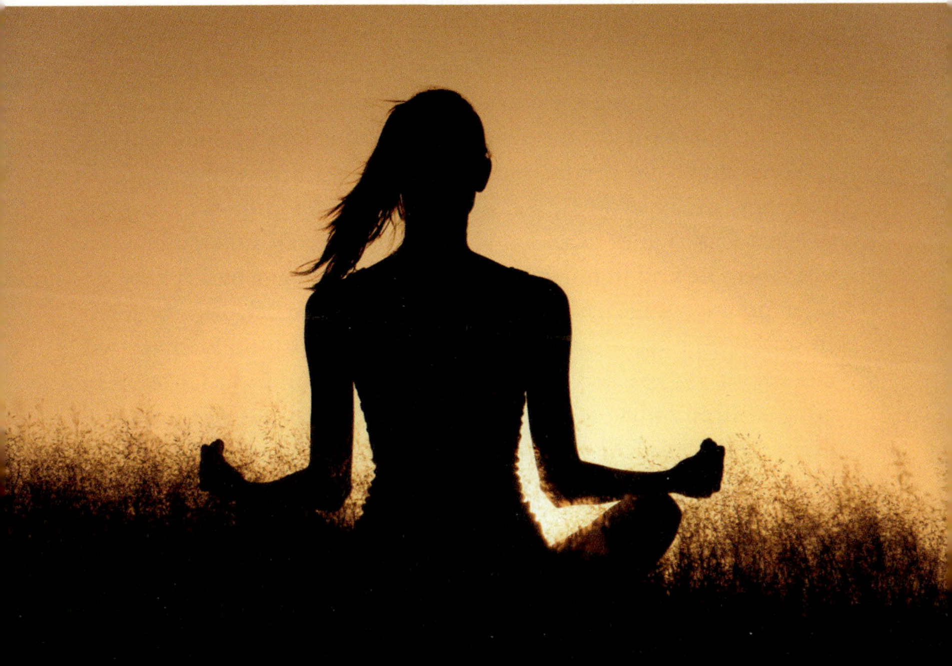

DIE INNEREN WAHRHEITEN

DIE GEDANKEN DES WURZELCHAKRAS

»Ich überlebe. Ich bin stark, machtvoll und ein Schöpfer. Ich weiß, wie man überlebt, ich weiß, was zu tun ist, um hier auf der Erde wirksam zu sein. Ich kenne meinen Körper, und ich stehe fest auf dem Boden der Tatsachen. Ich habe Instinkte, auf die ich mich verlassen kann. Ich bin uralt, von Anbeginn der Zeit in der Materie verwurzelt, ich erkenne den Herzschlag der Erde. Ich bin Erde, ich bin Fleisch, ich bin Wasser, Feuer, Luft und auch Metall. Ich bin in all diesen Elementen zu Hause, ich weiß mit ihnen umzugehen. Ich schwinge synchron mit dem Herzen der Erde, mit der Materie, die mich umgibt. Ich weiß, was mich stabil hält und erdet, ich bin in Ruhe, und ich bin in Aktion, doch ich bin immer unerschütterlich mit der Erde verwurzelt. Ich stehe. Ich bin. Ich liege. Ich bin. Ich laufe. Ich bin. Ich bin vollkommen im jetzigen Moment präsent, und mein Bewusstsein ist der Erde zugewandt. Ich spüre ihre Energie. Meine Informationen bekomme ich aus der Erde. Ich weiß, was meinem Körper guttut, aber ich bin nicht der Körper. Ich bin das Bewusstsein, das sich auf der Erde und in der Erde auskennt, ganz tief weiß, wie das Leben auf der Erde funktioniert, welchen Gesetzen es folgt. Ich kenne diese Gesetze, und ich bin eins mit ihnen, sie sind in mir, auch wenn ich sie nicht geschaffen habe. In jeder Situation trage ich durch meine Impulse dazu bei, das Überleben zu sichern und das Leben auf der Erde so natürlich und einfach wie möglich zu halten. Das Leben auf der Erde ist einfach. Ich weiß in der jeweiligen Situation, wie man dem Überlebensinstinkt folgt und dafür sorgt, dass der Körper am Leben bleibt.

Ich bin da, ich bin fest, ich brauche Nahrung und Schlaf, Ruhe und Wärme. Ich brauche Zeit, den Körper zu regenerieren. Ich strudele die Lebensenergie der Erde in das Körpersystem hinein und gebe ihm Halt. Ich bin der Boden, die Basis.« Das sind die Wahrheiten des gesunden Wurzelchakras.

Was sagt mein Wurzelchakra zu der Situation auf der Straße, die ich dir vorhin geschildert habe? »Stehe stabil. Weiche den Lkws aus. Es ist gefährlich. Nimm dir deinen Raum, fege einfach diese Straße.« All das stimmt. Das sind völlig pragmatische Gedanken, keine negativen. Man könnte glauben, der Gedanke »Das ist gefährlich« zöge Gefahr an. Doch das stimmt nicht. Denn da schwingt keine Angst mit. Es ist lediglich eine Information aus meinem Wurzelchakra. Beide Aspekte, das stabile Raumhalten und das Ausweichen, gehören zusammen.

Was würde denn ein verletztes Wurzelchakra sagen? Und wodurch wird ein Wurzelchakra überhaupt verletzt?

- Du warst als Kind unerwünscht.
- Deine Familie wurde aus ihrer Heimat vertrieben oder musste flüchten.
- Dein Vertrauen in deine Körperkraft wurde durch einen Unfall erschüttert.
- Deine Bedürfnisse als Baby wurden nicht gehört, so konntest du kein Vertrauen entwickeln, dass die Erde dich nährt und trägt, wenn du dich zeigst.
- Du durftest nicht wütend werden.
- Deine Grenzen wurden nicht respektiert.
- Jede Form von physischem Missbrauch schwächt natürlich ebenfalls das Wurzelchakra.

Die Gedanken des verletzten Wurzelchakras:

»Das kann ich sowieso nicht. Ich sollte gar nicht hier sein. Es ist ein Fehler, dass ich geboren wurde, ich habe keine Daseinsberechtigung. Wenn ich etwas will, dann sollte ich es still und leise wollen und nicht zu viele Ansprüche an das Leben stellen. Ich halte mich besser im Hintergrund, nehme nur wenig Platz ein. Ich muss mich sehr anstrengen, um genährt zu werden, hart arbeiten, und ich habe dennoch immer nur gerade das, was ich brauche, manchmal weniger. Es steht mir nicht zu, in der Fülle zu leben, ich sollte nicht hier sein. Ich nehme anderen ihren Platz weg, wenn ich erfolgreich und stark bin. Ich darf mich nicht verteidigen und auch nicht schützen. Ich halte mich im Hintergrund, damit ich nicht bemerkt werde. Je weniger ich bemerkt werde, desto weniger störe ich.«

Diese Gedanken, diese Überzeugungen dienen der Vermeidung von Schmerz, von erneuter Gewalt, Ablehnung oder Vertreibung. Sie haben also eine wichtige Funktion und werden nicht einfach so verschwinden, nur weil du dich entscheidest, anders zu denken.

Wenn du nun aber die gesunden Gedanken des Wurzelchakras kennst, kannst du dich bewusst dafür entscheiden, diese gesunden Gedanken zur Handlungsgrundlage zu erheben und das, wovor dich die Schmerzvermeidung zu schützen versucht, bewusst zu riskieren. Du wirst eine andere emotionale Erfahrung machen, weil du jetzt erwachsen und in Sicherheit bist, und dadurch heilt das Wurzelchakra. Es heilt, indem du dich achtsam, unter sorgfältiger Abwägung deiner wahren Fähigkeiten (da hilft der geschulte, zur mentalen Großzügigkeit und Freiheit erzogene Verstand!) und mutig den Herausforderungen stellst, die dir das Leben anbietet, und der Vermeidung keinen Raum gibst.

Hier ist eine innere Reise, mit der du dein Wurzelchakra heilen kannst, wenn du merkst, deine angsterfüllten Gedanken kommen zumeist von hier:

INNERE REISE: *Die Heilung des Wurzelchakras*

Mache es dir bequem, setze oder lege dich so hin, wie es dir angenehm ist. Lasse dich selbst wissen, dass es nichts mehr für dich zu tun gibt. Sage dir das bitte selbst. Du brauchst niemandem zu gefallen, es niemandem recht zu machen, du bist einfach hier bei dir. Stelle dir jetzt bitte ein Tor vor, das dich zu deinem Wurzelchakra führt. Gib diesem Tor ebendiese eindeutige Absicht, lasse aber alle Ideen darüber los, wie dieses Tor aussehen könnte. Du durchquerst mühelos dieses Tor und befindest dich auf einem Weg, der in bequem zu gehenden Spiralen tief hinab in die Erde führt. Du folgst dem Weg und kommst noch mehr bei dir selbst an, entspannst dich noch tiefer. Irgendwann mündet dieser Weg in eine Höhle. Du betrittst die Höhle, sie ist warm und so schummrig, dass du gerade genug sehen kannst.

Sieh dich um, und nimm wahr, wie es dir hier geht. Fühlst du dich wohl?

Lasse es sein, wie es ist, nimm es bitte nur wahr. Im Inneren der Höhle bemerkst du eine Gestalt. Sie spricht dich an und sagt: »Ich hüte deine Wurzel, deine Verbindung zum Menschsein, zum Körper, zu Mutter Erde. Meine Aufgabe ist es, dir all die Informationen und Botschaften zu geben, die du brauchst, um stabil und gesund als Mensch zu leben. Diese Informationen gebe ich dir durch Ahnungen, durch körperliches Unwohlsein, durch ein gutes oder nicht so gutes Gefühl.« Erlaube diesem Wesen nun, dich zu berühren. Es gibt dir bestimmte Kräuter, legt seine Hände auf dich, sendet dir die eine oder andere Botschaft. Vielleicht spürst du auch einfach nur Wärme oder ein Kribbeln. Es sagt: »Die Erde, das Leben selbst, sagt Ja zu dir, sonst wärst du nicht hier. Weil du hier bist, hast du auch eine Berechtigung, hier zu sein, sonst wärst du es nicht. Mehr brauchst du nicht, um deinerseits Ja zu deinem Leben zu sagen.«

Bleibe in Kontakt mit diesem Wesen, und ruhe dich in der Höhle aus. Sie verändert sich, wird immer gemütlicher, auf angenehmste Weise wärmer, sie wird zu einem wundervollen Ort, an dem du dich sicher und geborgen fühlst. Du kannst hier ausruhen, dich selbst klären, zum Wesentlichen kommen, das spürst du.

Es gibt nichts zu tun, du nimmst all diese Energien und Botschaften wie von selbst in dich auf.

Irgendwann spürst du, es wird Zeit, die Höhle zu verlassen, doch nur für jetzt, für diesen Moment. Du kannst jederzeit zurückkommen und dich ausruhen, Kraft tanken und dich mit dir selbst verbinden. So komme jetzt durch dein Tor wieder zurück in den Raum, in dem du dich befindest.

DIE GEDANKEN DES SEXUALCHAKRAS

»Ich bin lebendig, ich bin Lebensfreude, ich liebe das Leben. Ich vermehre mich, ich verströme mich, ich gebäre Leben, ich weite mich aus. Ich bin fruchtbar. Ich streue meine Samen in die Welt, und ich teile mich mit. Ich befruchte die Erde, die Menschen, das Leben mit

meiner Energie, ich bin hier, um mich zu vermehren, um größer zu werden, um Teil von etwas Größerem zu sein. Ich bin wie eine Pusteblume, meine Samen fliegen überallhin, und ich befruchte die Welt mit meinen Ideen, Handlungen, Impulsen.

Ich verströme mich, deshalb bin ich lebendig und auf der Erde, aus mir heraus fließen ständig Kreativität und Gestaltungskraft. Ich lasse Schönheit und Harmonie entstehen, ich trage zur Lebendigkeit der Welt bei.«

Das denkt das gesunde Sexualchakra.

Kümmert sich das Wurzelchakra um die eigene Lebendigkeit und Gesundheit, ist seine Kraft also nach innen gerichtet und nährt das Innen, so strömt Energie aus dem Sexualchakra nach außen, um die Welt zu besamen. So erlebe ich die gesunde Wahrheit des Sexualchakras.

Was sagt es zum oben genannten Beispiel des Straßefegens? »Du hast Kraft, du kannst neue Blumen pflanzen, wenn dir diese kaputt gemacht werden. Gib nicht auf, Schönheit zu erschaffen. Das Leben geht immer weiter, und du entscheidest, ob du Harmonie und Schönheit erschaffst oder eben nicht.«

Das hört sich für mich sehr vernünftig an!

Wodurch wird das Sexualchakra verletzt?

- selbstverständlich durch sexuelle Übergriffe
- wenn du kreativ sein sollst, für das Ergebnis aber kritisiert wirst
- wenn deine Kreativität nicht natürlich fließen darf, sondern unterdrückt, besonders aber überstrapaziert wird
- wenn du etwas geben sollst, was du gar nicht geben willst, dazu gehören auch Umarmungen und andere Liebesbezeigungen

- wenn du beschämt wirst, wenn du deine Lebendigkeit, Kreativität und Lebensfreude zum Ausdruck bringst
- wenn sich andere durch deine Freude und ihren Ausdruck (du tanzt, singst, lachst, bist fröhlich und energiegeladen) gestört fühlen

Das Sexualchakra ist der Sitz der Lebendigkeit und der Freude darüber, sich selbst mit anderen zu teilen, sich selbst weiterzugeben. Wurdest du daran gehindert oder stimmte für andere die Art und Weise nicht, mit der du dich selbst weitergegeben hast (nicht »dich mitgeteilt«, das ist ein anderes Chakra), so verstummte deine Lebendigkeit, das Chakrarad drehte sich langsamer oder nach innen.

Die Gedanken des verletzten Sexualchakras lauten:

»Ich bin zu viel. Ich bin zu ungebärdig, zu wild. Ich bin zu laut. Was ich zu geben habe, ist irgendwie falsch. Ich verstecke mich. Ich werde niemals erfolgreich sein. Das, was ich bin, was ich nach außen geben will, wird nicht gebraucht und nicht gewollt. Ich weiß nicht, was ich zu geben habe, also gebe ich, was gewollt wird. Ich sage am besten gar nichts mehr. Das, was ich beitragen kann, ist sowieso nicht von Belang oder für andere interessant. Wenn ich weniger tief atme und mich weniger bewege, dann kann ich meine Energie im Zaum halten.«

Die Folge dieser Verletzungen ist also, dass der Ausdruck deiner Lebensfreude verloren geht. Du tanzt nicht mehr unkontrolliert, du lachst leiser, atmest weniger, bewegst dich sparsamer. Bist du kreativ, dann vermeidest du, dass sich andere durch das, was du tust, gestört fühlen könnten, und malst lieber Blumenbilder und Herzchen, als deiner überschäumenden Wildheit Ausdruck zu verleihen.

Kreativität ist ein wilder, lebendiger Ausdruck von überschäumender Freude, am Leben zu sein. Warum sollte man sonst wohl etwas erschaffen wollen, wenn nicht aus Freude? Selbst wenn du tief verletzt bist, so zeigt der Fluss deiner Gestaltungskraft, dass du die Hoffnung nicht ganz verloren hast. Solange ein Kind noch malt, was ihm zugestoßen ist, ist es noch nicht verloren. Erst wenn dieser Ausdruck verstummt, hat es die Hoffnung darauf, doch noch gesehen zu werden, verloren.

Ist der Ausdruck deines Sexualchakras gehemmt, was du an den Gedanken erkennst, die du denkst, so hilft dir die nachfolgende innere Reise.

INNERE REISE: *Die Heilung des Sexualchakras*

Mache es dir bequem. Du weißt, es gibt nichts mehr für dich zu tun. Vor deinem inneren Auge entsteht ein Tor, wie du es jetzt schon kennst oder wie es zum ersten Mal in deiner Fantasie erscheint. Du durchschreitest dieses Tor ganz und gar mühelos und befindest dich in einer wogenden Graslandschaft. Du schaust dich in dieser wundervollen Weite um, erfreust dich an den grünen Hügeln. Das Grün wirkt wie Samt, es schimmert in allen möglichen Tönen, je nachdem, wie der Wind durch das Gras streicht.

In einiger Entfernung, bemerkst du, grast eine friedliche Pferdeherde. Du gehst auf die Pferdeherde zu, in aller Ruhe, ganz entspannt. Egal, wie dein Verhältnis zu Pferden in deinem bisherigen

Leben war, du bist vollkommen sicher und entspannt. Du gehst einfach mit ruhigen Schritten auf diese Herde zu. Die Pferde heben nicht einmal die Köpfe, drehen dir nur ihre Ohren zu und grasen weiter, so viel Frieden strahlst du aus. Sicher, entspannt und frei, so fühlst du dich. Du gehst weiter auf die Herde zu, ohne Absicht.

Auf einmal löst sich eines der Pferde aus der Herde, wendet sich dir zu und trabt voller Freude und mit erhobenem Kopf auf dich zu, so, als kenne es dich. Du bleibst vollkommen ruhig, weißt dich in Sicherheit, es wird zum richtigen Zeitpunkt stoppen. Tiefe Freude erfüllt dich, während dieses wunderschöne, so würdevolle Wesen mit wehender Mähne auf dich zukommt. Du bist verzaubert und gebannt von dieser unermesslichen Kraft und Schönheit. Du weißt, du bist sicher. Das Pferd stürmt jetzt auf dich zu, und es wird begleitet von einer Woge der Wildheit. Diese Wildheit, diese unbändige Kraft und Lebendigkeit berühren dich tief in deinen Zellen und wecken deine Sehnsucht nach dir selbst, nach der Wildheit, die auch in dir schlummert. Längst vergessen vielleicht, unterdrückt, doch sie wartet nur darauf, wieder zum Leben zu erwachen. Das Pferd ist jetzt ganz nah bei dir und stoppt direkt vor dir, senkt seinen Kopf und legt seine Stirn an deine. Du kraulst seine zarten Ohren und die unendlich weichen Nüstern, streichst über seine schimmernde, starke Mähne. Das Pferd schnaubt, senkt den Kopf noch weiter. Und nun geschieht ein Wunder. Das Pferd beugt die Ellbogen, senkt den Rücken und bietet dir mit einem Blick an, dich auf seinem Rücken zu tragen. Egal, ob du jemals geritten bist oder nicht, du weißt, du bist vollkommen sicher auf dem Rücken dieses Pferdes. Um nichts in der Welt möchtest du die Erfahrung versäumen, dich von ihm tragen zu lassen. Du legst ein Bein über den Rücken des Pferdes und setzt dich bequem zurecht. Mit einem

kleinen Ruck steht es wieder auf, bleibt ruhig stehen. Du beugst dich nach vorn und legst deine Wange an seine glatte Mähne. Du hältst dich an der Mähne fest, und es fühlt sich ganz und gar natürlich und sicher an, auf diesem Pferd zu liegen. Sehr achtsam bewegt sich das Pferd nun vorwärts, trägt dich zu der Herde hin. Es spürt genau, ob es dich ganz langsam und sachte tragen darf oder ob du im Galopp über die grünen Auen preschen möchtest, und es erfüllt dir deinen Wunsch. Du bist so tief berührt von diesem liebevollen und doch so wilden Wesen, dass dir Tränen in die Augen treten. Ihr geht auf die Herde zu, und auf einmal seid ihr mitten unter all diesen Pferden. All die Pferde senden dir jetzt ihre Liebe, ihre Wildheit, ihre innere Ruhe und ihre Ermutigung, es ihnen gleichzutun. Sie laden dich ein, Teil ihrer Herde zu werden, Teil dieser so würdevollen Gemeinschaft.

Das Pferd, das dich trägt, beugt jetzt wider die Vorderbeine und lässt dich absteigen – denn jetzt geschieht ein zweites Wunder. Du verwandelst dich. Deine Füße verwandeln sich in Hufe, deine Hände tragen dich auf einmal ebenso wie deine Beine. Du spürst, wie du stärker wirst, ruhiger, kraftvoller, du wirst zu einem Pferd, zum Teil der Herde. Du spürst deine unbändige Wildheit, deine ungebremste Lebendigkeit, deine Kraft. Die Herde begrüßt dich, dann setzt sie sich in Bewegung, wie von Zauberhand geleitet. Du trabst los, etwas in dir bricht sich Bahn, öffnet sich weit, und du galoppierst zusammen mit den anderen los, wieherst laut und ungehemmt, bekommst Antwort. Du spürst die Freiheit, ganz und gar du selbst zu sein, so wild und stark zu sein, wie du es eben bist, aber auch so zärtlich und sanft. Du genießt mit den anderen zusammen das Donnern eurer Hufe, die gemeinsame Bewegung, die euch wie ein großes Ganzes erscheinen lassen. Du bist Teil einer

Herde und doch ganz und gar du selbst, verbunden und frei zugleich, individuell und zugleich eins mit allen.

Die Herde kommt zur Ruhe, geleitet von einer größeren, gemeinsamen Führung. Die ersten Pferde legen sich ins Gras und ruhen sich aus, du tust es ihnen gleich, genießt die unendliche Ruhe. Du hörst das Schnauben der Pferde um dich herum, riechst ihre warmen Leiber und bist eins mit ihnen. Etwas in dir erwacht, heilt, erinnert sich an seine eigene Natur und daran, welch ein Geschenk es für die Welt ist, wenn du dich selbst so, wie du bist, mit all deiner Energie ausdrückst und zeigst.

Irgendwann spürst du, wirst du wieder zum Menschen, der du bist. Die Herde verabschiedet sich von dir, die Pferde reiben ihre Nasen an dir, sehr sanft. Sie wiehern leise, als du dich auf den Weg machst. Du weißt, du kannst jederzeit hierher zurückkommen und mit den Pferden durch die weite Graslandschaft ziehen. Du bist jetzt Teil dieser Herde und als solcher nie wieder allein. Deine Wildheit, deine Lebensfreude, dein Mut gehören zu dir, und du gehörst zu dieser Herde. Jederzeit kannst du dich hier bei den Pferden auf wundervolle Weise selbst erleben.

Jetzt entscheidest du, durch dein Tor wieder in die Menschenwelt zurückzukehren. Deine Lebendigkeit und den Mut, wild und frei zu sein, bringst du mit.

DIE GEDANKEN DES SOLARPLEXUSCHAKRAS

Das denkt ein gesundes Solarplexuschakra, also das dritte Chakra:

»Ich will etwas bewirken und bewegen. Ich will meine Ziele erreichen.
Ich bin machtvoll, ich bin ermächtigt. Ich fühle mich und meine Bedürfnisse. Wenn ich etwas will, dann erreiche ich es auch. Ich teile
mich der Welt mit, und ich gehe meinen Weg. Ich bin hier, um die
Welt zu erobern. Ich habe ein inneres Ja und ein inneres Nein. Ich
habe das Recht, meinen Weg zu gehen und meine Wahrheit zu sagen.
Ich bin hier, um meine Ziele unverfälscht zu verfolgen, meine Absichten in Taten umzusetzen und geradlinig meinen Weg zu gehen. Aus
mir strömt ein lichtvoller Strom von zielgerichteter Lebensenergie.«

Das mag in deine Ohren egoistisch klingen, aber darum geht es nicht.
Jedes Chakra hat eine ganz besondere Kraft, die du brauchst, um dein
Leben erfüllt und glücklich zu meistern. Selbstermächtigung ist dabei
ein wesentlicher Aspekt. Hast du ein gesundes drittes Chakra, dann
weißt du, was du willst, und du bist in der Lage, es in die Tat umzusetzen. Du bist in Kontakt mit deinen emotionalen Bedürfnissen und
kannst dafür sorgen, dass es dir gut geht. Du kannst gesunde Grenzen
setzen und gesunde Nähe zulassen. Du erlaubst dir selbst, deinen Platz
nicht nur einzunehmen, sondern auch mit Leben zu füllen. Du kannst
mitteilen, was du willst, du bist in der Lage, deine Bedürfnisse zu spüren und für ihre Erfüllung einzutreten. Du stellst dich selbst und das,
was du dir wünschst, nicht ständig infrage, sondern weißt, dass du die
Verantwortung für die Verwirklichung dessen, was du willst, trägst.
Du bist in der Lage, leicht Ja oder Nein zu sagen.

So klingt ein verletztes Solarplexuschakra:

»Ich darf nichts wollen oder brauchen. Ich mache mich am besten ganz klein und unsichtbar. Ich darf keine Bedürfnisse haben. Ich richte mich im Verhungern ein. Für mich ist nie genug da. Das Leben ist hart, und mühsam nährt sich das Eichhörnchen. Das Leben ist kein Zuckerschlecken. Je weniger ich brauche, desto besser. Je weniger ich fühle, was mit guttut und was ich will, desto besser. Ich schraube meine emotionalen Bedürfnisse ganz nach unten, dann werde ich auch nicht enttäuscht. Das, was ich brauche, bekomme ich sowieso nicht, zumindest nicht ausreichend.«

Wodurch wird das Solarplexuschakra verletzt?

- Du wirst zurückgewiesen, wenn du deine Bedürfnisse mitteilst.
- Deine Bedürfnisse, besonders das, was du fühlst, werden nicht gehört und nicht ernst genommen.
- Du wirst als Kind nicht genügend genährt.
- Deine Wünsche werden lächerlich gemacht, und du wirst beschämt.
- »Sei nicht so egoistisch« bekommst du zu hören, wenn du etwas willst oder brauchst und das äußerst.
- Äußerst du ein Bedürfnis, so kontert dein Gegenüber mit einem eigenen Bedürfnis, es entsteht ein Machtkampf, und deine Bedürfnisse werden zum Problem für den anderen.
- Du bekommst einfach nie das, was du wirklich brauchst, und schon gar nicht, ohne einen hohen, meist emotionalen Preis dafür zu bezahlen.

Ist dein Solarplexus verletzt, dann ist es schwierig für dich, zu fühlen, was du wirklich fühlst. Du weißt aber sehr genau, was du fühlen solltest. Du weißt, was du wollen solltest und was andere von dir erwarten. Deine eigenen Bedürfnisse ahnst du nur, und du hältst es für utopisch, dass du jemals satt sein könntest, auf allen Ebenen. Du richtest dich in der emotionalen oder tatsächlichen Magersucht ein, oder aber du isst viel zu viel, schlingst alles in dich hinein, Nahrung jeder Art, auch emotionale. Du schluckst alle Verletzungen hinunter und versuchst, sie zu verdauen, statt mit einem deutlichen Nein Grenzen zu setzen. Weil du ständig im Mangel bist, ziehst du Energie von anderen weg, ohne es zu bemerken. Du wirst gierig nach Aufmerksamkeit und unterdrückst, verheimlichst diese Gier gleichzeitig. Deine Gedanken sind geprägt von der Überzeugung, dass nicht gut für dich gesorgt ist und dass auf der Erde Mangel herrscht, an allem.

INNERE REISE: *Die Heilung des Solarplexuschakras*

Entspanne dich, soweit dir das im Moment möglich ist, und richte deine Aufmerksamkeit auf deinen Magenbereich, deinen Solarplexus. Atme hinein, und nimm wahr, wie er sich anfühlt. Stelle dir nun bitte vor, von diesem Bereich aus gehen dunkle Schnüre in alle möglichen Richtungen. Das fühlt sich nicht gut an, das braucht es auch nicht. Stelle dir nun bitte vor, du hältst in der Hand ein Werkzeug, mit dem du diese Schnüre durchschneiden kannst. Nimm bitte jede dieser dunklen Verbindungen in die Hand, und schneide sie bewusst und eindeutig durch. Tue das so lange, bis du ein Gefühl von Erleichterung erlebst.

Nun erscheint vor deinem inneren Auge ein wundervoll leuchtender Energieball, er schimmert in genau den Farben, die zu dir gehören. In diesem Energieball sind deine wahren Wünsche, Bedürfnisse und Gefühle gespeichert. Dieser Energieball strömt nun in deinen Magenbereich hinein, füllt ihn aus und gibt dir ein warmes, sattes Gefühl. Die Energie fließt von da aus in deinen ganzen Körper, überall da hin, wohin sie gehört. Sie verbindet alle deine Energiezentren miteinander, indem sie feine Energiefäden bildet. Das Chakra selbst bleibt dabei leuchtend hell, diese Kraft ist unerschöpflich, egal, wie weit sie sich im Körper verteilt. Du spürst nun deutlich deine Mitte und wie warm es im Magen ist.

Denke nun bitte an eine Situation, in der du normalerweise nicht sagen kannst, was du fühlst und was du willst, ja, vielleicht weißt du es nicht einmal. Atme in den Energieball im Solarplexus hinein, und lasse dich in ihn hineinsinken. Immer deutlicher erkennst du nun deine wahren Wünsche, Gefühle und Bedürfnisse, deinen wahren Willen in dieser bestimmten Situation. Erlaube nun, dass sich aus diesem Energieball in dir ein stabiler Energiestrahl bildet, der aus dir herausströmt. Zielgerichtet und geradlinig schießt er aus dir heraus. Nun darfst du dich von ihm führen lassen, denn dieser Energiestrahl wird dich unweigerlich zur Erfüllung führen, wenn du ihm folgst. Er wird dir in Form von Eingebungen, besonderen Ereignissen und Gelegenheiten die Richtung zur Erfüllung und zur Erreichung deines Zieles weisen. Erlaube dir nur, ihm zu vertrauen, und finde den Mut, ihm zu folgen.

Bleibe in diesem inneren Bild und in diesem Gefühl, und komme gleichzeitig mit deiner Aufmerksamkeit in den Raum zurück, in dem du dich befindest.

DIE GEDANKEN DES HERZCHAKRAS

Das gesunde Herzchakra sendet dir diese Gedanken:

»Ich bin Liebe. Ich verbinde, und ich sehe überall das Gute. Ich bin voller Mitgefühl. Ich spüre, ob etwas oder jemand in Liebe schwingt oder nicht. Ich vertraue, wenn ich Liebe spüre. Ich weiß auch, wenn jemand dir nicht wohlgesonnen ist. Ich bin großzügig, und ich kann verzeihen. Da ich hinter die Dinge sehe, kann ich mit vielem großzügig und nachsichtig umgehen, ich kann grenzenlos sein. Ich gebe immer eine zweite Chance, ich weiß, dass sich alles Lebendige entfalten und entwickeln will und dass es dazu Zeit braucht. Ich sende Liebe in Wellen aus und berühre damit alles, was sich von Liebe berühren lässt. Liebe heilt alles, sieht alles, versteht alles, vergibt alles. Ich bin ein strömender Energiestrudel der Liebe und gebe mich ganz hin.«

Das Herzchakra ist die Schaltstelle zwischen den irdischen Lebensbereichen und den fein- und nichtstofflichen Bewusstseinsebenen, zwischen Körper und Seele. Im vierten Chakra berühren sich Seelenbewusstsein und menschliches Bewusstsein, hier verschmelzen sie. Im Herzchakra geht es zum ersten Mal um etwas Höheres, Übergeordnetes. Sorgen die unteren Chakren dafür, dass du deinen Platz in der Welt voller Freude einnimmst und darauf achtest, dass du bekommst, was du brauchst, so gibt das Herz dir die Möglichkeit, Menschen und Situationen von einer liebenden, höheren Warte aus zu sehen, egal, wie es dir persönlich dabei geht. Das ist wundervoll. Aber nur dann, wenn die unteren Chakren dafür sorgen, dass du bestens versorgt bist. Denn sonst ist die Gefahr groß, den Blick für sich selbst zu verlieren. Während des Straßefegens sagte mein Herzchakra: »Sei großzügig, jeder hastet durch sein Leben, du bist nicht gemeint. Die

Lieblosigkeit, die du durch den unachtsam weggeworfenen Müll spürst, spiegelt das Leid, das diese Menschen in sich tragen.«

Die Gedanken des verletzten Herzchakras erlebe ich so:

»Ich bin misstrauisch. Ich bin verletzt, und alle legen es nur darauf an, mich zu verletzen. Zu lieben ist gefährlich, und es macht mich verletzlich und verletzbar. Bin ich verletzlich, werde ich auch verletzt. Ich werde schnell ausgenutzt, wenn ich mich öffne. Ich kann nicht Nein sagen, wenn mich jemand um etwas bittet, weil ich mich nach Liebe sehne. Ich bin zu gut für diese Welt, die Welt ist hart und kalt, und ich will nicht hier sein. Ich verschließe mein Herz, und ich öffne es erst wieder, wenn mir mein Gegenüber beweist, dass er es wert ist – aber auch dann nur zögerlich und wenig. Ich bin jederzeit in Habachtstellung und bereit, mein Herz zu verschließen, damit ich nicht verletzt werde. Das Leben ist kein Ponyhof, auch wenn ich es gern so hätte. Ich brauche sowieso niemanden, am Ende ist jeder allein.«

Oft fragen wir das Herz, wenn wir unserem Leben eine neue Richtung geben und neue Entscheidungen treffen wollen, und das ist auch gut so. Das Herz allein aber genügt nicht als Ratgeber. Denn das Herz ist bereit, unendlich viel zu geben, wenn es liebt. Das gesunde Herz spürt aber auch, wenn es die Liebe gebietet, den anderen auf sich selbst zurückzuwerfen und eben nicht zu geben und zu helfen. Ob ein Vorhaben auf der Erde wirklich machbar ist, das weiß unser Bauch, unsere Wurzel. Denn manchmal sagt das Herz Ja, weil es so voller Liebe ist und diese Liebe so gern strömen lassen will. Aber der Bauch spürt, es funktioniert nicht. Beides stimmt. Für die Frage nach der Machbarkeit hier auf Erden aber ist der Bauch die richtige Instanz.

Wodurch wird das Herz verletzt?

- Deine Liebe wird zurückgewiesen, du wirst abgelehnt oder gar beschämt, weil du liebst.
- Deine Liebe wird gefordert, du wirst erpresst, um so etwas wie Liebe zu geben. (»Soll denn die Mama weinen, weil du sie gar nicht mehr lieb hast?«, wirst du gefragt, wenn du wütend bist ...)
- Deine Liebe wird nicht wahrgenommen, du sollst eine andere Form der Liebe geben als jene, die frei aus dir herausströmt.
- Du wirst ausgenutzt und enttäuscht, weil du liebst.
- Du wirst insgesamt zurückgewiesen, betrogen, verlassen, erfährst Gewalt.

Selbstverständlich wird bei jeder Verletzung, jedem Übergriff und jeder Zurückweisung nicht nur ein Chakra verletzt, und ganz sicher ist diese Liste wie auch die anderen äußerst unvollständig. Sie soll dir helfen, ein Bewusstsein dafür zu entwickeln, dass deine negativen, angsterfüllten und dich eng machenden Gedanken dich an jene inneren Punkte führen, die deiner Aufmerksamkeit und deines Mitgefühls bedürfen.

INNERE REISE: *Die Heilung des verletzten Herzens*

Atme ein paar Mal tief in dein Herz hinein, so sehr, wie dir das heute möglich ist. Vielleicht spürst du jetzt schon eine gewisse Enge, erlaube das bitte. Vor deinem inneren Auge entsteht jetzt eine Lichtsäule, wie ein Lichtstrahl, der von oben herabfällt, so leuchtend und strahlend, wie du dir das nur vorstellen kannst. Du trittst in diese Lichtsäule hinein, und augenblicklich fällt alles von dir ab, was du für andere trägst, was nicht mehr zu dir gehört und was dich schwer und müde sein lässt. Du fühlst dich befreit in der Lichtsäule, so sehr, wie das heute möglich ist. Nun erlaube dir, dein Herz zu spüren. Du erkennst, wie sehr es verletzt ist, vielleicht fehlen Stücke, es ist zerbrochen, vielleicht stecken Waffen darin, oder es ist dunkel und vernarbt. Vielleicht fehlt es gar ganz.

Auf einmal erscheint in dieser Lichtsäule eine wundervolle Gestalt, der du auf der Stelle vertraust. Es kann ein Engel sein, aber auch jedes andere lichtvolle Wesen, das du dir nur vorstellen kannst. »Du bist sehr verletzt, weil du sehr viele schmerzliche Erfahrungen gemacht hast«, sagt das Wesen und lächelt dich so mitfühlend an, dass du auf der Stelle mit deinem Leben versöhnt bist. »Das war so abgesprochen, und wir, die den Menschen zugehörigen Lichtwesen, danken dir so sehr dafür. Dadurch ist sehr viel Bewusstsein entstanden. Wir wissen jetzt, was Leid ist, und die Seelen können aufhören, aus Unwissenheit, weil sie keine Schmerzen empfinden, Leid zu erschaffen.« Und auf einmal weißt du, dass das stimmt. Dein Schmerz lehrte dich, bewusst zu werden und Mitgefühl zu entwickeln. »Wir bitten dich«, sagt das Lichtwesen, »gib uns dieses verletzte Herz. In deinem Herzen sind alle deine Erfahrungen gespeichert. Erlaube uns, von dir zu lernen. Gib uns das verletzte Herz, damit wir erkennen können, wie Energien auf der Erde wirken.«

Du spürst, dass dein Herz wie ein Speicherkristall ist, angefüllt mit Informationen über die verschiedensten Auswirkungen von Energien. Und du erkennst, dass es vollkommen richtig ist, dieses Herz nun an die Lichtwesen weiterzugeben. Das Wesen spürt dein Einverständnis und löst ganz sorgfältig und achtsam dein verletztes Herz aus dir heraus. Fehlte es ganz, dann hält es jetzt auf einmal

dein verlorenes Herz in der Hand. Raum und Zeit spielen in dieser Lichtsäule keine Rolle. Das Lichtwesen hebt dein verletztes Herz in die Höhe, und die Lichtsäule zieht es sanft nach oben. Dabei löst sich dein Herz auf, Energien werden frei, als würden Farbwirbel nach oben strömen. Ein besonders kraftvoller Farbwirbel strömt jetzt in deine Brust, und auf einmal hält das Wesen ein Herz in den Händen, das schönste Herz, das du je gesehen hast. Es strahlt und funkelt in deinen liebsten Farben.

»Das ist dein wahres Herz«, sagt es, »die Blaupause deines verletzten Herzens, das ursprüngliche, unverletzte Herz. Der Farbwirbel, der in dich einströmte, ist das Bewusstsein, das du durch alle deine Erfahrungen erlangt hast. Das Mitgefühl, die Achtsamkeit, alles, was du entwickelt hast, weil du so sehr verletzt wurdest.« Dein Herzraum weitet sich, und jetzt strömt das ursprüngliche, unverletzte Herz in dich ein, füllt dich aus. Es wird so groß, dass es deinen gesamten Bauchraum ausfüllt und alle deine Organe berührt, alle Chakren, einfach alles. Es dehnt sich weiter aus, und du fühlst dich auf einmal wie ein strahlendes Herz auf zwei Beinen. Du dehnst dieses Herz noch weiter aus und erlaubst, dass es alle deine Lebensbereiche berührt. Auch die Lichtsäule wird immer weiter, bis du alles, wirklich alles, was dich betrifft, mit diesem Herzen und diesem Licht berührst.

Bleibe in dieser Energie, solange es dir gefällt, und komme dann in deiner Zeit in den Raum zurück, in dem du dich befindest.

Schwierig wird es, wenn sich Herz und Bauch scheinbar widersprechen. Ich schreibe bewusst »scheinbar«, denn am Ende erlebe ich immer wieder, dass es für die innere Wahrheit keinen inneren Widerspruch gibt.

Ein Beispiel? Du liebst ein Familienmitglied, deinen Partner oder einen Freund, der deine Hilfe brauchst, und du gewährst sie ihm gern, verstehst du doch das Dilemma, in dem er hängt (Herz). Du vertraust darauf, dass er achtsam mit deinem Hilfsangebot umgeht und dich nicht ausnutzt – was sehr gefährlich werden kann, wenn du zum Beispiel für jemanden bürgst. Natürlich bist du für dich selbst verantwortlich, und du achtest darauf, dass deine Wurzeln stabil bleiben, verschuldest dich also nicht komplett (gesundes Wurzelchakra).

Und dann erlebst du immer wieder eine Enttäuschung, immer wieder kleine Vertrauensbrüche. Der andere meistert sein Dilemma zwar gerade so, doch er braucht immer wieder kleine Hilfen, lässt dich immer wieder im Stich. Dein Vertrauen in ihn wird immer wieder auf eine harte Probe gestellt.

Dein Bauch sagt: »Es reicht, ab hier muss er allein klarkommen. Er muss lernen, vertrauenswürdig zu werden, und wenn er das nicht tut, dann muss ich eine Konsequenz ziehen. Es ist einfach genug, meine Geduld ist am Ende.« Dein Selbsterhaltungstrieb und deine Lebendigkeit, die sich nicht ausnutzen lässt, machen klare, gesunde Ansagen. Dein Herz dagegen sucht in sich nach Verständnis, nimmt den anderen aus Liebe in Schutz, räumt ihm einen finanziellen oder emotionalen Kredit nach dem anderen ein, weil du ihn ja verstehst. Warum macht es das? Weil das Herz das kann. Das Herz hat eine unermessliche Geduld, unendliches Mitgefühl und gibt immer wieder Raum. Es sagt: »Gib ihm noch eine Chance, er wächst daran, er braucht eine Gelegenheit, zu spüren, dass er bedingungslos geliebt wird.«

Und dennoch spürst du, dass dein Bauch recht hat, es reicht einfach, sonst wird die Situation ungesund. Wenn du jetzt noch weiterhin duldest und Verständnis aufbringst, dann handelst du gegen dein inneres Gefühl, auch wenn das Herz es könnte. Und das ist der Punkt: Das Herz könnte weiterhin Geduld und Verständnis aufbringen, das ist seine Aufgabe. Es wird niemals Nein sagen, weil das nicht zum Herzchakra gehört. Das Neinsagen ist die Aufgabe des Bauches. Das mag sich wie ein Widerspruch anhören, das ist es aber nicht.

Noch einmal: Das Herz kann unendlich langmütig sein und ist immer wieder bereit, sich zu öffnen und weiterhin zu geben. Das ist aber nur ein Impuls, noch lange keine ausdrücklich gewollte Handlungsgrundlage. Wenn der Bauch Nein sagt, dann gilt, was der Bauch sagt, solange das Herz neutral bleibt. Denn das Herz sagt in diesem Fall nicht ausdrücklich »Ja«, sondern nur: »Ich könnte.« Wenn das Herz ausdrücklich Ja sagt, dann strömen Kraft und Liebe aus dir heraus. Bleibt es neutral, dann lasse die anderen Chakren zu Wort kommen. Mehr Nein als ein neutrales Gefühl wird das Herz nie aufbringen, weil ein Nein nicht in seiner Natur liegt. Also achte darauf, ob das Herz neutral bleibt. Damit zeigt es an, dass die anderen Chakren in diesem Fall besser wissen, was zu tun oder zu lassen ist.

DIE GEDANKEN DES KEHLCHAKRAS

Das denkt ein gesundes Kehlchakra:

»Ich bin Ausdruck. Ich bin Ausdruck der göttlichen Kraft, die ich bin. Ich bin Ausdruck des Lebens, das ich bin. Ich bin Ausdruck all dessen, was durch mich gelebt werden will. Ich bin direkter, unverfälschter Ausdruck meiner Wahrheit, meiner Kreativität und meiner Eingebungen.

Ich bin das Sprachrohr Gottes, das Sprachrohr meiner tiefsten, innersten Wahrheit. Ich sage, was ich zu sagen habe, immer und unzensiert.«

Warum schreibe ich immer wieder »Gott«? Ich weiß es nicht. Wenn ich mir das aufstelle, dann kommen diese Worte. Nimm bitte andere, wenn sie dich stören, aber erfasse bitte die Essenz. Es geht um das vollkommen unverfälschte, direkte Ausdrücken der innersten Wahrheit, egal, wie groß oder auch wie unbedeutend sie zu sein scheint. Ein gesundes Kehlchakra zensiert nicht, was es ausdrückt, und es passt sich auch nicht den äußeren Umständen an. Es sagt, was es zu sagen hat, weil es weiß, das ist seine Aufgabe und sein Beitrag zum Leben. Wenn ich wieder an das Straßefegen denke, dann sagt mein Kehlchakra: »Ich bin wütend. Ich fühle mich gestört. Ich fühle Mitgefühl. Ich weiß, dass wir uns dieses Leben so gewählt haben, wir hasten hindurch. Ich kann diese Straße fegen und es damit gut sein lassen. Es fühlt sich gut an, die Straße zu fegen, damit ist diese Arbeit getan.« Es sagt nichts Besonderes oder sehr Erleuchtetes, das ist auch nicht seine Aufgabe. Meine Gedanken waren nun einmal nicht sehr erleuchtet. Es sorgt einfach dafür, dass ich mich ausdrücke und alles, was in mir ist, nach außen bringen kann – und eben nicht so tue, als wäre alles in Ordnung. Auch nicht vor mir selbst.

Hier die Sätze des verletzten Kehlchakras:

»Ich muss schweigen. Meine Wahrheit ist gefährlich. Ich wahre das Geheimnis. Wenn ich ausdrücke (male, singe, schreibe, ausspreche), was ich fühle, dann sterbe ich oder bringe andere in Schwierigkeiten. Ich passe mich so an, damit das, was ich zu sagen habe, für andere passend ist. Die Wahrheit zu sagen bringt mich in ernste Schwierigkeiten. Ich schweige lieber. Es ist gefährlich, einfach so alles aus sich

herauszulassen. Ich verschweige sogar vor mir selbst die Wahrheit und verschleiere sie.«

Egal, ob du malst, schreibst, sprichst, singst oder dich auf andere Art mitteilst, bist du verletzt, dann zensierst du deinen Ausdruck so lange, bis er gefällig ist. Mit dir selbst hat das nicht mehr viel zu tun. Es gibt sehr viele Gründe, das zu tun:

Wie wird das Kehlchakra verletzt?

- Du wahrst ein Familiengeheimnis, vielleicht sogar unbewusst.
- Du bist in einem Staat aufgewachsen oder deine Ahnen kommen aus einem Land, in dem es gefährlich ist oder war, die Wahrheit zu sagen – und das betrifft nahezu jedes Land der Erde.
- Du durftest als Kind nicht sagen, was du dachtest und fühltest.
- Dir wurde ausdrücklich und bei Strafe verboten, über bestimmte Dinge zu reden.
- Und natürlich der Klassiker: Bist du in einem anderen Leben getötet worden, weil du deine Wahrheit gesagt hast, wirst du das ganz sicher nicht noch einmal tun.
- Manches war zu schlimm, um es auszusprechen.
- Dir wurde oft der Mund verboten, als wäre deine Ansicht nicht interessant oder klug genug – oder zu klug.
- Das System deiner Familie war auf Verschleierung und Vermeidung aufgebaut, als Teil des Systems musstest du lügen, wolltest du nicht einsam sein.

Es gibt unendlich viele Gründe, aus denen heraus du gelernt haben könntest, dass es besser ist, den Mund zu halten und dein Innerstes, das, was du in dir spürst, zu verbergen, oft genug sogar vor dir selbst.

Die innerste Wahrheit unverfälscht auszudrücken scheint ein dermaßen waghalsiges Unterfangen zu sein, dass es nur wenige tun. Das ganze menschliche Kollektiv ist auf Verschleierung und Lüge programmiert, auf Verführung, Vertuschung, Manipulation durch Worte. Es ist also beinah unumgänglich, ein verletztes Kehlchakra zu haben.

Zur Heilung biete ich hier keine Meditation an, sondern eine Übung aus der Gestalttherapie: der leere Stuhl.

ÜBUNG: *Der leere Stuhl*

Nimm dir bitte zwei Stühle oder zwei Kissen, gegebenenfalls etwas zu schreiben oder ein Diktiergerät. Der eine Stuhl steht für dich, der andere für deine innerste Wahrheit, das, was du nicht aussprechen, vielleicht nicht einmal denken darfst und kannst. Mache dir nichts daraus, wenn du keine Idee hast, was deine innerste Wahrheit überhaupt sein könnte, sondern nimm dir einfach diese beiden Sitzplätze. Jetzt stelle oder lege sie in dem Abstand, der für dich sinnvoll ist, einander gegenüber. Sie dürfen aber schon im selben Raum sein. Setze dich nun bitte auf deinen Platz, also auf den, der dich, einfach so, wie du bist, repräsentiert.

Wie geht es dir auf diesem Platz? Achte bitte nicht so sehr darauf, wie du den anderen Platz dir gegenüber wahrnimmst, sondern spüre dich auf deinem Platz. Wie atmest du? Wie geht es dir mit dem Platz gegenüber, nimmst du ihn überhaupt wahr? Lasse alles so sein, wie es ist, es gibt nichts zu verändern, nur etwas zu spüren. Sprich alles aus oder schreibe dir auf, wie es dir an diesem Platz

geht, und noch einmal: Spüre deinen Raum, nicht den anderen. Es geht bei dieser Übung um die Beziehung zwischen diesen beiden Plätzen, also zwischen dir und deiner innersten Wahrheit, nicht darum, etwas zu verändern. Wenn du gar nichts fühlst, dann sprichst du eben das aus, dann ist das die Wahrheit an diesem Platz. Es ist hilfreich, das, was du sagst, zu dokumentieren, denn es kann sein, dass es der andere Platz überhaupt nicht hört.

Hast du dir selbst alles kundgetan, was du für diesen Moment wahrnimmst, dann wechsle bitte die Plätze, und setze dich auf den Platz deiner innersten Wahrheit.

Wie geht es dir? Hast du die Augen offen oder geschlossen? Nimmst du den Platz dir gegenüber wahr? Sprich alles aus, was du an diesem Platz über diesen Platz fühlst, nimm es auf, oder schreibe dir Stichpunkte auf. Es gibt überhaupt kein Richtig oder Falsch, sondern nur das, was du wahrnimmst, selbst wenn es beinah gar nichts ist. Sprich auch alles aus, was du dem dir gegenüberliegenden Platz sagen willst, aber bleibe mit deiner Aufmerksamkeit bei dem Platz, auf dem du sitzt. Das ist wirklich wichtig. Es ist so einfach, zu versuchen, den gegenüberliegenden Platz zu erfühlen, aber dann bist du nicht bei dem, was gerade ist.

Wenn du alles wahrgenommen hast, was es auf diesem Platz wahrzunehmen gibt, dann wechsle wieder.

Was hat sich verändert? Nimmst du dich auf deinem Platz nun anders wahr? Entsteht eine Beziehung zwischen deiner Wahrheit und dir? Sprich das bitte alles aus, und dann wechsle wieder. Tue das bitte so lange, bis du das Gefühl hast, es ist ein echter Austausch geschehen, eine echte Beziehung zwischen dir und deiner tiefsten Wahrheit entstanden. Du brauchst sie deshalb noch lange nicht anderen kundzutun. Deine eigene Beziehung zu dir selbst darf zunächst heilen und wachsen. Der Rest folgt von allein.

DIE GEDANKEN DES DRITTEN AUGES

Das Dritte Auge verbindet uns mit unserer Intuition, wir empfangen Botschaften, Visionen und die feinstofflichen Energien von allem, was um uns herum lebt.

Die gesunden Gedanken des Dritten Auges:

»Ich sehe, und ich weiß. Ich sehe hinter die Dinge und durch sie hindurch, ich sehe die Blaupause hinter dem, was geschieht, das, worum es jeweils wirklich geht. Ich sehe die Baupläne, die wirkenden Energien. Mir kann man nichts vormachen, ich sehe hinter den Spiegel. Ich sehe die Vergangenheit und insbesondere die Zukunft, das, was sich zusammenfügt, und das, was sich trennt. Ich erahne die Ereignisse, weil ich die wirkenden Energien lese.«

Du tust gut daran, deinen Ahnungen und Eingebungen zu trauen, wenn dein Drittes Auge gesund ist. Das Dritte Auge ist hellsichtig, das ist seine Aufgabe. Es erkennt, worum es wirklich geht, was hinter den Kulissen geschieht. Egal, was dir begegnet, es erkennt die wahren Absichten und meldet sie dir in Form von Gedanken, Ahnungen, Körperwahrnehmungen. Das Dritte Auge sagte zu meinem genervten Straßefegen: »Das ist eine wichtige Erfahrung, eine Metapher, du lernst gerade, dich selbst mit all dem, was du fühlst, zu halten. Du erlebst eine Situation, in der du dich früher als Opfer gefühlt hast, und erkennst: Du bleibst stabil, du bleibst Schöpfer. Du erkennst: Du hast eine Wahl, du kannst dich entscheiden, dich als Opfer zu fühlen oder eben nicht. Das ist neu und zeigt, dass das Opferprogramm nicht mehr wirkt. Du bleibst bei dir, und das zeigt, du hast einen sehr wichtigen Schritt getan.«

Die Gedanken des verletzten Dritten Auges:

»Ich kann mir nicht trauen. Ich bin abgeschnitten von allem. Ich komme mir vor, als würde ich wie blind durch mein Leben tappen. Ich fühle mich nicht eingebunden in etwas, was Sinn ergibt. Ich spüre keine höheren Energien oder irgendwelche Kräfte. Für mich hat das Leben keinen höheren Sinn. Mit dem Tod ist Schluss, danach kommt nichts mehr. Ich glaube nicht an größere und höhere Zusammenhänge, und ich erkenne sie auch nicht. Ich erkenne nur die physische, materielle Ebene des Lebens als real an. Ich bin allein.«

Hier ist eine Übung, mit der du dein Drittes Auge öffnen kannst, wenn das für dich heute richtig ist. Manchmal ergibt es Sinn, dass es (noch) geschlossen ist, erzwinge nichts. Es öffnet sich, wenn die Zeit reif ist. Die Öffnung des Dritten Auges gehört zu deinem spirituellen Entwicklungsweg und geschieht erst, wenn du innerlich stabil genug bist, wenn die Basis stimmt.

All die anderen Chakren sind offen, wenn du auf die Erde kommst, zumindest haben sie das Potenzial dazu. Wenn sie verschlossen sind, sind sie verletzt. Die beiden hohen Chakren aber sind oftmals noch geschlossen, weil der Entwicklungsweg des Menschen es noch nicht erlaubt, sie zu öffnen. Dann helfen Übungen nicht. Diese nutzen nur dann etwas, wenn das Chakra durch eine Verletzung, meist aus einem früheren Leben, bewusst geschlossen wurde. Deshalb hier nun eine kleine innere Reise für das Dritte Auge. Lies sie dir zunächst durch, und entscheide, ob sie dich überhaupt berührt. Wenn nicht, dann gib dir Raum, und kümmere dich um das, was zunächst in dir geheilt und entwickelt werden will.

Es ist immer eine spirituelle Verletzung, wenn das Dritte Auge verletzt ist:

- Deinen Eingebungen und Wahrnehmungen wird nicht geglaubt.
- Das Kassandra-Syndrom: Du ahnst etwas Schlimmes voraus, kannst es aber nicht verhindern oder wirst dafür verurteilt, dass du es geäußert hast.
- Du glaubst, dass deine Eingebungen für das Geschehen verantwortlich sind, weil du in emotionaler Hinsicht noch nicht reif genug bist, um mit deinem geöffneten Dritten Auge umzugehen.
- In einem vergangenen Leben ging eine spirituelle Einweihung schief, und ein Teil von dir hängt noch immer in diesem Einweihungsritus fest (zum Beispiel in Ägypten).
- Du glaubst, versagt zu haben, weil du ein Ereignis nicht hast kommen sehen, obwohl es deine Aufgabe gewesen wäre oder du es dir zu deiner Aufgabe gemacht hast (Tempelschändungen und -plünderungen, die Vertreibung aus Avalon etc.).

Für alle diese Themen gibt es viele Beispiele, ich bitte dich, suche dir Hilfe, wenn du spürst, dass du in spiritueller Hinsicht verletzt wurdest. Es kann sein, dass du eine Rückführung machen solltest, um zu erkennen, warum du dich entschieden hast, nichts mehr zu sehen. Ist dein Drittes Chakra noch komplett geschlossen, weil die Zeit für seine Öffnung noch nicht reif ist, dann sendet es dir keine Gedanken, auch keine verletzten. Das ganze Thema »Spiritualität« interessiert dich einfach nicht. Aber dann würdest du vermutlich auch nicht dieses Buch lesen.

INNERE REISE: *Die Öffnung des Dritten Auges*

Atme ein paar Mal tief durch, und konzentriere dich auf eine Stelle zwischen deinen Augen. Stelle dir bitte vor, dass hier ein Edelstein sitzt. Nimm nun wahr, wie dieser Edelstein aussieht. Ist er stumpf, oder strahlt er? Liegt ein Schutzfilm darüber, sodass er noch verborgen ist? Erlaube dir, das ganz deutlich wahrzunehmen oder zu erahnen. Liegt ein Schutzfilm darüber, dann frage dich: »Ist die Zeit reif, diesen Schutz zu entfernen?« Wenn ja, dann lässt er sich jetzt ganz leicht abziehen. Wenn nein, dann lasse ihn bitte, immerhin erkennst du ihn. Das bedeutet, dass sich das Chakra bald öffnet. Ist es wirklich ganz geschlossen, dann nimmst du es gar nicht wahr. Erkennst du einen Edelstein ohne Schutzfilm, dann nimm wahr, ob er hell strahlt oder irgendwie getrübt ist. Nun bitte darum, dass eine Lichtsäule vor deinem inneren Auge erscheint. Du stellst dich in diese Lichtsäule hinein und bittest deine Geistführer, die Engel und Seelenführer, die dich begleiten, zu dir. Bitte sie, dieses trübe Dritte Auge aus dir herauszunehmen, es zu reinigen oder dir ein neues zu geben. Auch wenn der Edelstein bereits hell strahlt, bitte um einen neuen – vielleicht hat er eine andere Farbe oder ist noch lichtvoller. Wenn alles in Ordnung ist, dann bekommst du sowieso keinen anderen. Was immer die Gründe dafür waren, dass es sich getrübt hat, jetzt wird es Zeit, neue Klarheit zu erlangen. Deine Seelenführer nehmen den getrübten oder nicht genügend strahlenden Edelstein aus dem Stirnchakra heraus, er löst sich in Licht auf. Alle Verletzungen, die zur Trübung geführt haben, lösen sich mit auf, werden vielleicht als innere Bilder sichtbar, doch sie verschwinden rasch wieder. Nun entsteht in den Händen deines höchsten Geistführers der schönste, strahlendste Kristall, den du jemals gesehen hast. Er verströmt sein Funkeln nach allen Seiten.

Dein Geistführer setzt dir diesen Lichtkristall in dein Stirnchakra ein. Augenblicklich wirkt sich das Strahlen auf dein Gehirn aus und verändert deine Gehirnströme. Es ist, als würde sich in dir ein Nebel lichten, und du siehst die Dinge auf einmal auf eine ganz neue Weise, wie von einer höheren Warte aus. Bleibe noch ein wenig in der Lichtsäule, bis sich das neue Dritte Auge in dir stabilisiert hat.

Komme dann in deiner Zeit zurück in den Raum, in dem du dich befindest, und entscheide dich bewusst, von nun an deinen Wahrnehmungen zu trauen.

DIE GEDANKEN DES KRONENCHAKRAS

Das Kronenchakra befindet sich auf deinem Kopf, es verbindet dich mit deinem höheren Selbst und allen über dir liegenden, transpersonalen Chakren. Es empfängt Informationen aus dem Hohen Selbst, das deinen Seelenplan kennt und in direkter Verbindung mit deiner Seele steht.

Die gesunden Gedanken des Kronenchakras:

»Ich bin Licht. Ich bin. Ich bin Schöpfung, ich bin strahlendes Licht, das zur Erde strömt, um sich hier zu verwirklichen. Ich bin eins mit meiner Seele und mit Gott, eins mit allem, was ist, ich bin die Inspiration. Ich empfange Energie aus den hohen Ebenen der Schöpfung, Geistesblitze, ich verknüpfe Energien, ich empfange alle Botschaften und Informationen, die aus den höchsten Intelligenzen zur Erde strö-

men. Ich transformiere die sehr hoch schwingenden Lichtwellen so, dass sie in den Körper einströmen können und als mentale Energiewellen, als elektrische Impulse im Gehirn wirken. Ich bin offen für Inspirationen, für göttliche Weisheit, für den Schöpferplan, und ich vertraue der Kraft, die hinter all der Schöpfung steht.«

Lasse das Wort »Gott« bitte weg, wenn es dir nicht gefällt, ich meine damit einfach die höchste Schöpferkraft, das Wesen des Universums selbst, ohne dass dieses »Wesen« auch nur im Ansatz stofflich ist. Weil ich hinsichtlich des Wortes »Gott« überhaupt keine negative innere Prägung mehr habe, kommt es oft, wenn ich etwas aufstelle oder channele. Nutze bitte den Begriff, der dir das Gefühl vermittelt, mit der höchsten Schöpferebene verbunden zu sein. Streiche das Wort »Gott« durch, und schreibe deines hin, okay? Es ist ein blitzendes, gleißendes Gefühl oben im Kopf, und es ist, als ströme die Energie des Universums in dich hinein, wenn das Chakra offen ist. Du bist offen für Gedanken, die nicht aus deinem Inneren kommen, auch nicht auf Erfahrung beruhen, sondern wirklich neu sind. Du erkennst die Zusammenhänge auf einer sehr hohen Ebene, du hast Zugang zur Kausalebene, also zu der Dimension, in der deine Seele entscheidet, welche Erfahrungen sie hier auf Erden als Mensch erleben und erfühlen will. Alle bahnbrechenden Erkenntnisse, alle echten Geistesblitze sind nur möglich, wenn das Kronenchakra offen ist. Dafür brauchst du kein spirituelles Weltbild, zumindest kein esoterisches. Aber du brauchst die Bereitschaft, dich einer höheren, dir bislang unbekannten Wahrheit zu öffnen, und das Vertrauen, dass es diese höhere Wahrheit überhaupt gibt und dass du Zugang dazu hast. Das Kronenchakra öffnet sich, wenn die Zeit dafür reif ist. Natürlich kann auch das Kronenchakra verletzt werden.

Die Gedanken des verletzten Kronenchakras:

»Gott ist gegen mich. Ich habe es nicht verdient, lichtvoll zu sein. Ich bin aus dem Kreis der Lichtwesen, der Engel und der Priester/-innen ausgeschlossen. Ich habe beim Erfüllen meiner heiligen Aufgabe versagt. Ich bin es nicht wert, von Gott geliebt zu werden, und ich bin es nicht wert, mich in meinem Licht zu zeigen. Ich schäme mich vor Gott.«

Die Ursachen für die Verletzung des Kronenchakras:

- der Schmerz über die Kreuzigung Christi oder die Tötung eines anderen spirituellen Führers
- tiefe Enttäuschung über dein Schicksal, sodass du dich von deiner eigenen Seele abgewandt hast
- zu schwere Seelenaufgaben, die dich als Mensch überfordert haben: Du verlierst das Vertrauen, dass du liebevoll geführt wirst, und fühlst dich deiner Seele und Gott ausgeliefert; wegen dieser Gefühle entwickelst du deiner Seele gegenüber Schuldgefühle.
- Missbrauch des Namens Gottes für eigene, niedere Zwecke, wie das die Kirchen immer wieder tun

Damit das Kronenchakra heilen kann, brauchen wir einen Ausflug ganz nach oben mit der Frage:

Wer erschafft tatsächlich deine Wirklichkeit?

Erlaube mir bitte, dir eine Sicht der Dinge zu zeigen, die dir vielleicht bekannt ist, vielleicht sehr merkwürdig oder behandlungsbedürftig erscheint, die für mich aber durch viel Erfahrung wirklich einen Sinn ergibt.

Es gibt eine Seelenebene, eine nichtstoffliche Bewusstseinsebene, die sich vollkommen anders anfühlt als das menschliche Bewusstsein.

Stelle dir bitte vor, du erschaffst in der klaren Absicht, die Wirkungen von Energien anzuschauen, auf höchster Ebene eine Erfahrung. Du schickst einen Teil von dir mitten ins Geschehen, also ins Menschsein, auf die Erde. Und dann geschieht das, was du kennst oder zumindest in dir erahnen kannst: Die irdische Ebene, die Erfahrung, die du als Mensch machst, ist zum Teil sehr schmerzhaft, vollkommen anders als alles, was die Seele kennt. Auf der Erde gibt es Gefühle, Schmerzen, und es gibt den Tod, und das alles kennt die Seele nicht (und will es genau deshalb erfahren). Das, was auf seelischer Ebene einfach nur eine Erfahrung ist, ein Spiel mit Energien, bedeutet für das Menschsein pures, reines Überleben. Du führst einen echten Lebenskampf, und davon weiß deine Seele nur sehr wenig – denn auf seelischer Ebene gibt es weder Angst noch Schmerz. So weiß die Seele nichts von Schmerzvermeidung, nichts von Mut, nichts von Angst, und die Seele weiß nichts über das Scheitern. Dazu kommt: Wenn die schmerzlichen Erfahrungen zu intensiv werden, dann spalten sich Seelenanteile sogar ab, damit du überlebst – das Seelenbewusstsein entfernt sich also noch weiter vom Geschehen.

Wozu will die Seele all diese Erfahrungen machen, wie du sicher schon sehr oft gehört hast? Sie will sich weiterentwickeln, auch das wissen wir. Aber wohin? Die Antwort ist: zu mehr Bewusstheit über ihr eigenes Schöpfersein.

In dem Moment, in dem die Seele sich selbst als Schöpfer all dieser Erfahrungen, auch und besonders der sehr schmerzlichen, anerkennt, die du als Mensch durchleben musst, verändert sie sich. Sie erfährt, dass das, was sie entscheidet, auf menschlicher Ebene Schmerzen bereitet, und dadurch wird auch die unpersönliche, geistige Liebe der

Seele mitfühlend, tiefer, reifer, bewusster, ja, menschlicher. Wenn die Seele voller Mitgefühl anerkennt, dass sie selbst all diese Widrigkeiten erschafft, dann kann sie damit aufhören.

Ich erlebe immer wieder, dass es bei all dem Scheitern, Wiederaufstehen, der Entwicklung neuer Sichtweisen, bei all der Bewusstseinsforschung, die wir betreiben (und die Beschäftigung mit der Kraft der Gedanken ist nichts als Bewusstseinsforschung), letztlich nur um eines geht: um die Bewusstseinsentwicklung der Seele.

Wenn ich diese Ebenen anschaue, dann fühlt sich die noch nicht bewusste Seelenebene so an: Sie ruht in sich, choreografiert die Erfahrungen, die du als Mensch machst, ist aber nicht in direktem Kontakt mit dem, was du fühlst. Sie ist Beobachter, eins mit sich und der Seelenebene, aber nicht eins mit dir als Mensch, schon gar nicht bewusst. Stelle ich das auf, dann habe ich die Augen geschlossen. Sie ist unbewusst, diese Seelenebene, auch wenn das merkwürdig klingt. Sie ist sich ihres Daseins als Mensch nicht voll bewusst. Und weil das so ist, weiß sie sich mit dem, was sie erschafft, nur wenig verbunden. Sie wirkt als Schöpferin deshalb weder mitfühlend noch achtsam dem Menschen gegenüber, der sie ja auch ist. Sie schickt sich quasi selbst als weiße Maus ins Forschungslabor. Jetzt wird es Zeit, zu erkennen, dass auch die weiße Maus ein erfülltes und glückliches Leben führen will, und ihr das zu erschaffen. Das klingt eventuell fremd für dich. Aber ich erlebe es in zahllosen Seminaren und Sitzungen immer wieder so, deshalb ergibt diese Sichtweise für mich Sinn.

Du hast dich sicher auch schon ab und zu gefragt, was mit dir nicht gestimmt hat, als du dir all diese schwierigen Erfahrungen auf der Erde beschert hast. Nun, die Antwort ist: Du wusstest einfach nur nicht, was das, was du als Seele erschaffst, für den Menschen, der du sein wirst, bedeutet.

INNERE REISE: *Das Seelenströmen zur Heilung des Kronen-chakras*

Erlaube dir, dich zu entspannen, so gut dir das im Moment gelingt. Es gibt nichts mehr zu tun, du darfst dich ganz und gar auf dich selbst konzentrieren. Stelle dir bitte vor, du stehst in einer Licht-säule, einem strahlenden Licht, das dir Sicherheit und Halt gibt. Das Licht durchströmt dich, Ruhe und Frieden fließen in dich ein. Denke nun bitte an eine Situation, in der es dir nicht gut geht, eine der Situationen, in denen du immer wieder scheiterst, in der du dich fragst, was sich deine Seele wohl dabei gedacht hat, als sie diese Situation erschuf. Das fühlt sich nicht gut an, das braucht es auch nicht. Denke also an die Situation, und nun erlaube dir, die Ge-fühle ganz deutlich zu fühlen, so deutlich, wie es dir jetzt möglich ist. Du bist sicher und geschützt in der Lichtsäule, deshalb kannst du dir das erlauben.

Wenn du deine Gefühle so gut spürst, wie es gerade möglich ist, dann stelle dir bitte vor, wie sich diese Gefühle in eine Art Nebel oder Rauch verwandeln. Dieser Nebel ist vermutlich grau, das darf er auch sein, es fühlt sich ja auch nicht gut an. Ist dein Körper voll von diesem Nebel oder Rauch, dann stelle dir jetzt bitte vor, wie du diesen Nebel nach oben in die Lichtsäule strömen lässt. Der Nebel steigt immer weiter auf und erreicht die Seelenebene, deine höchste Bewusstseinsebene, die Ebene, auf der du die Entscheidungen über das, was du als Mensch erfährst, triffst. Vielleicht nimmst du diese höchste Ebene bewusst wahr, vielleicht auch nicht. Lasse einfach deine Gefühle in Form von Nebel oder Rauch nach oben strömen. Deine Seele wollte eine bestimmte Erfahrung machen. Indem du die dazugehörigen Gefühle nach oben steigen lässt, gibst du ihr die

Möglichkeit, diese Erfahrung auch tatsächlich zu erleben, sie zu fühlen, nicht nur von oben zu betrachten.

Nimm bitte wahr, was nun geschieht, jetzt, wo du deine Gefühle nach oben steigen lässt. Erlebe die Erleichterung und Befreiung in deinem Körper. Vielleicht gibt es eine bewusste Erkenntnis, vielleicht auch nicht. Vertraue darauf, dass dir deine Seele von nun an andere Erfahrungen, nämlich die des Glückes, der Liebe und der Erfüllung, der Freiheit und der Selbstbestimmung erschaffen wird, jetzt, wo sie gespürt hat, wie sich Schmerz anfühlt. Du spürst, wie strahlendes Licht von oben zu dir herunterströmt, und etwas auf deinem Kopf öffnet sich.

Es gibt nichts zu tun, diese Öffnung geschieht von ganz allein. Gibt es Energien in dir, die die Gelegenheit nutzen wollen, die irdische Ebene zu verlassen, dann dürfen sie das jetzt tun. Sie steigen einfach auf, verlassen deinen Körper und kehren nach Hause in ihr Licht zurück, heilen dort, werden erlöst. Alle karmatragenden Seelenanteile, für die jetzt der Zeitpunkt gekommen ist, diese Inkarnation zu beenden, steigen auf oder strömen hinab zur Erde, je nachdem, wohin sie gehören. Eventuell strömen neue Seelenkräfte in dich ein. Erlaube, dass alles jetzt so geschieht, wie es heute richtig ist. Dein Kronenchakra öffnet sich immer weiter und wird strahlend hell.

Bleibe in der Lichtsäule, und erlaube, dass Heilung einfach so geschieht, ohne dass du noch etwas dazu beiträgst. Wenn deine Seele erkennt, wie sich das, was sie erschafft, anfühlt, dann vollzieht sie einen Entwicklungsschritt. Sie entwickelt Mitgefühl mit dem Menschen, der sie ja selbst ist. Von nun an wird sie dir mit ihrem neuen Seelenbewusstsein Erfahrungen der Liebe erschaffen.

Ruhe dich noch ein wenig aus, und komme dann in deiner Zeit in den Raum zurück, in dem du dich befindest.

ÜBER DEN EMOTIONALKÖRPER

Bedingen Gedanken Gefühle? Bedingen Gefühle Gedanken? Oder sind Gedanken und Gefühle Ausdruck der jeweiligen Energiequalität, in der wir uns befinden, bedingen sich also nicht gegenseitig, sondern sind gleichzeitiger, synchroner Ausdruck eines Energiezustandes? Wie auch immer es ist, wenn wir uns um Gedanken kümmern, dann müssen wir das auch mit Gefühlen tun. Stelle dir vor, es gäbe in deinem Energiesystem, das aus dem feststofflichen Körper, feinstofflichen Energiekörpern (deiner Aura) und nichtstofflichen Bewusstseinsfeldern besteht, einen Energiekörper, mit dem du Energien als Gefühle wahrnimmst. Es ist sinnvoll, das zu tun. Alle diese fein- und feinststofflichen Körper sind über das Chakrasystem mit deinem Körper und den dazugehörigen Drüsen verbunden. Du kannst dir vorstellen, dass ein Emotionalkörper, der sehr dunkel und schwerfällig ist, also langsam schwingt, weil du viel Trauer, Wut und Enttäuschung in dir angesammelt hast, dein ganzes Energiesystem in einem relativ niedrigen Energieniveau hält. Hoch schwingende, kluge, inspirierende Gedankenimpulse erreichen dich nicht, wenn du emotional immer in sumpfigem Niedrigwasser watest. Warum nicht? Weil dein ganzes Energiesystem dann langsamer schwingt, die hohen Gedankenwesen bemerken dich nicht einmal.

Reinigen wir also deinen Gefühlskörper, ja, es kann sogar sinnvoll sein, ihn komplett auszutauschen.

Das tun wir während einer inneren Reise, die ich dir hier anbiete.

INNERE REISE: *Die Erneuerung des Emotionalkörpers*

Versichere dir selbst, dass du in einem sicheren Raum bist, denn das bist du. Es gibt nichts mehr für dich zu tun, du brauchst niemandem zu gefallen, alles an dir darf sein, wie es gerade ist. Erlaube dir, die Kontrolle über dich selbst loszulassen, und entspanne dich mehr und mehr. Atme ein paar Mal tief durch, seufze vielleicht, wenn dir das guttut.

Gehe in deiner Vorstellung durch ein Tor. Du befindest dich in einer üppigen, bunten Tropenwelt, auf Hawaii vielleicht oder in einer Fantasiewelt. Es ist wunderbar warm, Blumen blühen, Pflanzen in allen Grünschattierungen wachsen um dich herum. Es gibt einen gewundenen Pfad durch diesen Dschungel, und du gehst ihn entlang. Der Dschungel öffnet sich, und du stehst an einem weißen Sandstrand. Das Meer rollt in türkisgrünen Wellen heran, die Wellen brechen sich, schäumen weiß auf. Die stehenden Wellen wirken wie zartestes Glas, und du bist fasziniert von dieser unendlichen Schönheit der Natur.

Auf einmal hörst du durch all das Rauschen der Wellen ein anderes Geräusch, eher ein Plätschern, und du gehst darauf zu. Vor dir ragt ein hoher Fels auf, er ist innen ausgehöhlt. Von diesem Felsen strömt ein warmer Wasserfall herunter, das Wasser sammelt sich in einem kleinen Becken und fließt dann ins Meer. Du kannst unter dem Wasserfall stehen, das Prickeln genießen und gleichzeitig den Meereswellen zuschauen, bemerkst du, und du ziehst dich aus. Du legst deine Kleidung neben das kleine Becken und steigst hinein. Der Boden des Beckens ist gerade so rau, dass du sicher darin laufen kannst, und doch so glatt, dass sich deine nackten Fußsohlen wohlfühlen. Du steigst also in das Becken hinein und bist mit ein paar Schritten direkt unter dem herabströmenden Wasserfall. Noch nie hast du dich so wohl gefühlt, so umgeben von Gesundheit, Frische und Natur.

Du erlaubst dem Wasser, alles von dir abzuwaschen, was nicht mehr zu dir gehört, und du genießt es sehr. Auf einmal bemerkst du, dass du von einer Schicht umgeben bist, einer Art Gallertmasse oder etwas Ähnlichem, das dich sogar ausfüllt. Doch das Wasser hat bereits begonnen, diese Gallertschicht von dir zu waschen. Du nimmst jetzt mehr und mehr deinen Emotionalkörper wahr, ebendiese Schicht. Es kann sein, dass sie zum Teil sogar aus Eis ist, vielleicht ist sie auch sehr dunkel und schlammartig. Erlaube ihr, zu sein, wie sie ist, und erkenne, dass hier all deine festgehaltenen Gefühle gespeichert sind. Das strömende, warme Wasser hat die Kraft, diese festgehaltenen Gefühle aus dir herauszuwaschen. Du erkennst, dass du auch Gefühle für andere in dir trägst, du hast sie übernommen, um es anderen leichter zu machen. Jetzt wird es Zeit, sie loszulassen, und du erlaubst, dass das Wasser sie einfach abwäscht. All die abgewaschenen Gefühle, egal, wie schmutzig die Auraschicht auch war, verwandeln sich auf ihrem Weg ins Meer in reines Wasser.

Das Wasser lässt die Emotionen in dir schmelzen, sie verflüssigen sich und fließen einfach aus dir heraus. Nach und nach löst sich dein gesamter Emotionalkörper auf. Du fühlst dich immer freier und reiner. Nach einer Weile verändert sich der Wasserfall: Die Flüssigkeit, die auf dich herab- und in dich hineinfließt, ist wie reiner Balsam, wie eine Nährlösung. Sie strömt in dich ein und heilt alles, was jetzt geheilt werden will und darf. Dieser heilende Balsam legt sich um deine Nervenbahnen, dein ganzer Körper entspannt sich tief. Festgehaltene Körperspannung löst sich, du wirst locker und fühlst dich gelöst wie schon lange nicht mehr.

Nun formt sich dieser Heilbalsam zu einem neuen, sehr sanften und friedlichen Emotionalkörper. Dieser neue Emotionalkörper besteht aus reinem Mitgefühl, aus Freude, aus Liebe. Er schwingt in einer hohen Energie, die du jetzt auch im Körper spürst. Vielleicht schlägt dein Herz schneller, und du fühlst dich lebendiger, oder du wirst viel ruhiger und friedlicher als zuvor.

Du bleibst so lange unter dem Wasserfall stehen, bis du das Gefühl hast, neu und komplett zu sein. Dann watest du durch das Becken zurück an den Strand. Die Sonne trocknet dich, falls das nötig ist. Am Strand liegt ein neues Gewand, das deinen jetzigen Zustand schützt. Du streifst es über, und es passt perfekt, fühlt sich genau richtig an. Du weißt, dass du mit diesem neuen feinstofflichen Körper neue Energien empfangen und fühlen kannst, Energien, die dich Freude, Frieden, Liebe und Glück erleben lassen. Du kommst durch dein Tor zurück in den Raum, in dem du dich befindest, neu und frisch.

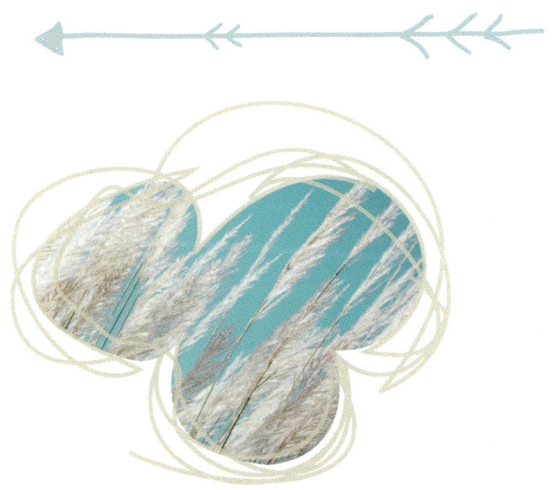

GROSSE, SCHÖPFERISCHE GEDANKEN ENTWICKELN

So vieles, was in dir denkt! So viele verschiedene Impulse, gesunde und weniger gesunde, die der Lebenslust und die der Schmerzvermeidung … Gedankenwesen, Chakren, Seelenpläne … Wie soll man aus all dem nun einen schöpferischen Gedanken entwickeln? Und woher weißt du, dass dieser schöpferische Gedanke auch richtig ist, nicht nur wieder aus der Schmerzvermeidung heraus geboren wurde?

Ganz einfach.

SCHRITT EINS:
ANERKENNEN, WAS IST

Das heißt, fühle, was du fühlst, denke, was du denkst, und sei dir gegenüber vollkommen aufrichtig. Es stimmt einfach nicht, dass das, was du denkst und fühlst, deine Wirklichkeit bestimmt, solange du es ganz bewusst anschaust und ihm keine Kraft gibst. Im Gegenteil: Erst wenn du dich selbst eben nicht fühlen willst, wenn du vermeidest, anzuerkennen, was ist, bekommen deine Gedanken ein Eigenleben und ziehen einen Spiegel im Außen an. Also, egal, wie es sich anfühlt, egal, wie destruktiv deine Gedanken sind: Erkenne an, was du zu einer bestimmten Situation denkst und fühlst. Sicherlich sind deine Gefühle und Gedanken ambivalent, du weißt ja jetzt, wer und was alles in dir durcheinanderdenkt! Das dürfen sie sein.

SCHRITT ZWEI:
ANERKENNEN, WAS DU WILLST

Du weißt nun, was du denkst und fühlst, aber was willst du in dieser bestimmten Situation wirklich? Was sagen Herz, Bauch und Verstand? Finde einen Konsens, auch wenn das schwierig klingt. Es ist die Voraussetzung für den Schöpfergedanken. Frage nicht, was du wollen solltest, auch nicht, ob dein Wunsch realistisch ist, sondern sei auch hier wieder vollkommen ehrlich: Was willst du? Du weißt schon, dass dein Wollen den Willen eines anderen Menschen, einer Seele oder auch eines Tieres nicht berühren sollte, weil das einfach nicht funktioniert. Also statt »Ich will ein Baby« (was bedeutet, dass sich eine Seele auf den Weg zur Erde machen muss) erkenne bitte an: »Ich will Mutter oder Vater werden, meine Mutter- oder Vatergefühle erfüllt ausleben.«

Du musst nicht wissen, wie das Leben dir diesen Wunsch erfüllt. Erlaube deiner tiefsten Sehnsucht, sich dir zu zeigen. Funktioniert das gar nicht, dann nutze die Übung »Der leere Stuhl«, und setze dich deinem innigsten Herzenswunsch gegenüber.

Wichtig ist noch eines: Verstehe, dass wir uns in Wahrheit zumeist eine emotionale Qualität wünschen, keinen äußeren Umstand. Selbst wenn du etwas ganz Konkretes willst, so ist es doch die Gefühlsqualität, die dir dieser Gegenstand, das Tier oder die Beziehung vermittelt, die du dir in Wahrheit wünschst.

Und lasse dich nicht beirren. Dein Herzenswunsch kann auch sein, dass du etwas eben nicht mehr willst. Das ist vollkommen in Ordnung. Ein klares Nein bedeutet oftmals ein Ja zum Leben. In dir ist es so, wie es ist. Du brauchst dich nicht zu verbiegen, das Universum sieht, erkennt und nimmt dich genau so, wie du da gerade sitzt.

SCHRITT DREI:
ANERKENNEN, DASS DU SCHÖPFER BIST

Als Schöpfer bist du voll und ganz verantwortlich für deine Schöpfergedanken. Lasse dir diese Verantwortung nicht abnehmen, indem du es »richtig« machen willst. Du weißt nun, was du willst. Nun finde einen für dich stimmigen Satz, der die Erfüllung deiner tiefsten Sehnsucht ausdrückt. Na toll, denkst du, gerade das ist doch das Komplizierte! Nein, nicht wenn du es einfach hältst und dich selbst, und das ist das Geheimnis, genau da abholst, wo du stehst. Wenn du das, was du als Schöpfergedanken in die Welt gibst, nicht für möglich hältst, dann nutzt er nicht viel.

Du willst aus tiefstem Herzen Mutter oder Vater werden, hast aber nicht einmal einen Partner? Ich nutze das Beispiel, weil es so herrlich komplex ist. Wie wäre es mit dem Satz: »Mit Leichtigkeit und vollkommen natürlich erfüllt sich meine Sehnsucht nach dem Mutter- oder Vatersein.« Wie fühlt sich das an? Glaubst du das? Hältst du es für möglich?
Damit bist du die Verantwortung dafür, wie das alles vonstattengehen soll, los! Es kann dir doch egal sein, wie das Leben dieses Wunder zustande bekommt. Du erlaubst ihm, ganz frei zu wirken. Natürlich bedeutet das auch, dass eventuell ein Kind in dein Leben kommt, das nicht dein eigenes ist … Doch durch die Worte »erfüllt sich meine Sehnsucht« kannst du sicher sein, dass du genau das fühlen wirst, was du dir wünschst. Ein eigenes Kind kannst du dir nicht »erschaffen«, weil das den freien Willen von zwei anderen Menschen berührt.

»Ich gebe das Bedürfnis nach unerfüllten Liebesbeziehungen, nach Mangel, nach Traurigkeit, nach Heimatlosigkeit … auf« ist auch so

ein Satz, der funktioniert. Oder: »Alles, was ich brauche, um erfüllt zu sein, kommt leicht und einfach zu mir.«

Zwinge dich nicht, etwas zu glauben. Wenn du dir deinen Schöpfergedanken nicht glaubst, dann ist es keiner, dann überfordert er dich. Erlaube dir, kleine Schritte zu gehen.

Verbringe Zeit mit deinem Schöpfergedanken, lasse ihn in dir wirken, und erkenne, ob er dir das vermittelt, was du willst. Hältst du seine Verwirklichung für möglich? Gibt er dir Kraft? Erleichtert es dich, diesen Satz zu denken? Das tun stimmige Schöpfergedanken, sie geben dir das Gefühl, dass du etwas Wichtiges auf den Weg gebracht hast. Denn das hast du.

Erst wenn du erleichtert aufatmest und das Gefühl hast, die Arbeit ist getan, hast du den für dich und für heute richtigen Schöpfergedanken für dich gefunden. Mache dir die Mühe. Du wirst dich immer besser kennenlernen und immer leichter erkennen, wie deine schöpferischen Gedanken funktionieren, was du brauchst, wo du dich selbst abholen darfst.

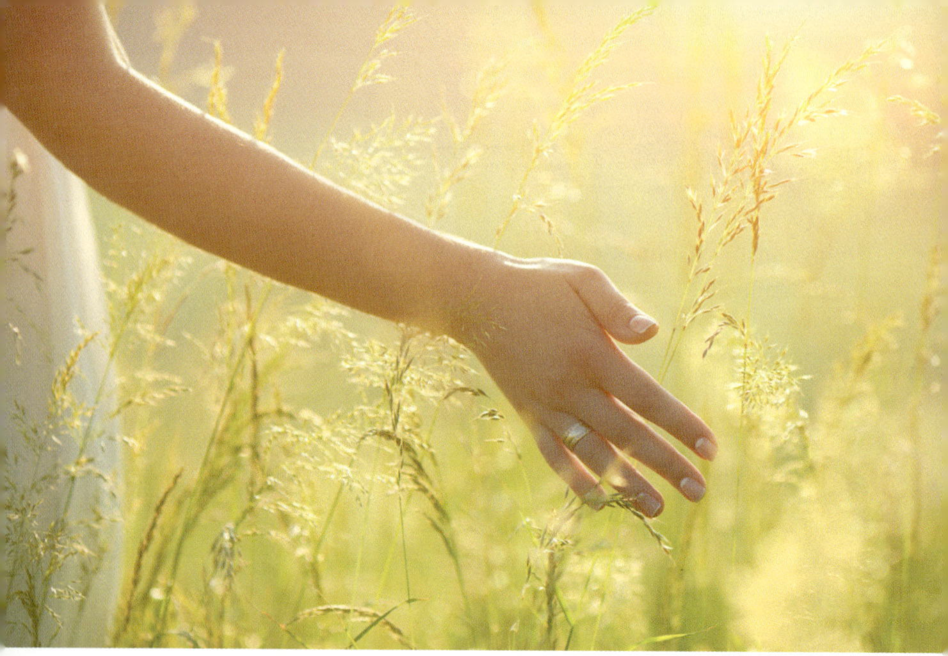

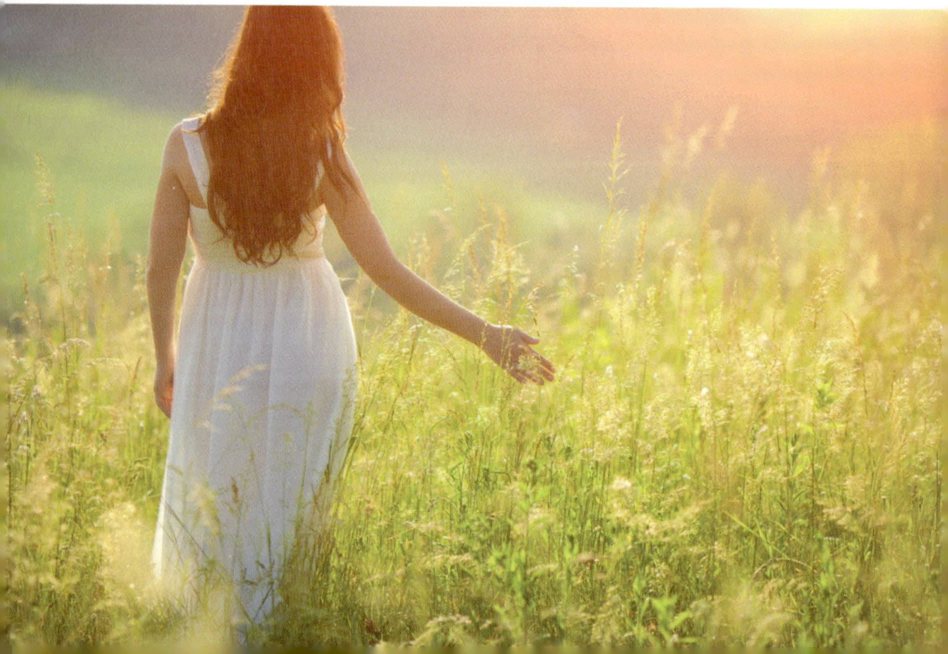

EURE FRAGEN: DIE PRAXIS

Klient eins: »Ich bin immer wieder fasziniert davon, wie ›verwickelt‹ meine Gedanken sind, wenn es zum Beispiel um Rollenbilder in meinem Kopf geht, die mich dann unter Druck setzen. Ändere ich mein Rollenbild, also passe es an mich und mein Leben an, dann kommen meist auch alle Konstrukte rundherum zum Vorschein. Ich suche mir dann etwas, was mir mein Konstrukt widerlegt (gibt es immer) – nach dem Motto: Liebes Hirn, das stimmt gar nicht. Ich habe zum Beispiel in den letzten Tagen die Überzeugung gefunden, dass Selbstständige viel arbeiten müssen. Da mir meine Familie sehr wichtig ist, gab das einen groben Konflikt in meinem Kopf, und ich war schon beim Denken ans Arbeiten müde und ausgelaugt.«

Antwort: »Wenn du oder deine Familie diese Erfahrung gemacht hat, die ja auch eine Überzeugung des Kollektivs ist, dann stimmt es eben doch. Aber, und das ist der Ausweg: Nicht nur! Es wird Zeit, einen neuen Weg zu entwickeln, nämlich den, weniger zu arbeiten, dennoch versorgt zu sein und genug Zeit für die Familie zu haben. Das darf der neue innere Auftrag sein, die Frage an dich: ›Wie kann ich mit selbstständiger Arbeit mein gutes Auskommen und genügend Zeit für meine Familie haben, in Leichtigkeit und Freiheit?‹
Diskutiere nicht mit deinen Überzeugungen, das hat keinen Sinn, denn sie haben ja eine Ursache. Den meisten Überzeugungen liegt eine echte Erfahrung zugrunde, und die lässt sich nicht wegdiskutieren. Gib dir einfach Raum für einen neuen Ausweg.«

Klient eins: »Das, was hinter dieser Überzeugung steckt, ist mir klar. Ich diskutiere da nicht wirklich. Aber meinem Hirn tut es gut (macht es ruhig), wenn ich ihm auch Beispiele gebe, dass es nicht stimmt. Sonst gibt es mir schon einmal gar nicht die Ruhe, dass ich ›schauen‹ kann, was dahintersteckt. Der neue Weg ist ja DA! Es war nur sehr spannend für mich, zu erkennen, wo da noch Gedanken blockieren, die mir immer wieder das Gefühl ›Das geht nicht‹ geben, woraufhin mein Körper in den Burn-out-Modus schaltet, bevor ich arbeite. So blockiere ich dann natürlich auch neue Klienten, weil ich ja im Burn-out-Modus mit der Idee ›Es ist zu viel‹ zumache.

Antwort: »Dann ist eine gute innere Frage: ›Wie fühlt sich mein Schoßraum dabei an?‹ Lasse den Schoßraum antworten, der weiß das.«

Klient eins: »Ah, das ist die Antwort, und ja, natürlich weiß mein Bauch das ... danke fürs Erinnern!«

Klient zwei: »Mich würde interessieren, wie es möglich ist, seine unbewussten Gedanken, Überzeugungen und Glaubenssätze – von denen es ja weit mehr gibt als von den bewussten – zu verändern. Wir wissen ja häufig gar nicht, was ›es‹ in uns den ganzen Tag so denkt. Ich kann zum Beispiel noch so viel affirmieren, damit ich voller Liebe bin, wenn sich in mein System durch entsprechende Erfahrungen die Überzeugung eingebrannt hat, dass ich nicht liebenswert bin, dann nutzt das nichts. Affirmationen reichen meiner Meinung nach nicht, um hier etwas zu verändern, weil das entsprechende Gefühl dazu fehlt. Und ohne das Gefühl ist das nicht veränderbar. Hierzu etwas zu erfahren, fände ich sehr interessant.‹

Antwort: »Schaue zunächst auf den Schmerz, der durch deine Erfahrungen verursacht wurde. Und dann stelle dir diese Frage: ›Was brauche ich, um so voller Liebe zu sein, wie ich mir das wünsche?‹

Die Affirmation könnt dann lauten: ›Alles, was ich brauche, um voller Liebe zu sein, fließt leicht zu mir.‹«

Klient drei: »Bei mir ist es so, dass ich Intuition und Kopfkino nicht trennen kann. Mir ist mittlerweile klar, dass, wenn ich loslasse, alles wie von selbst fließt, doch da kommt urplötzlich ein Gefühl, dass doch etwas nicht stimmt, und dann wird automatisch alles zäh im Außen. So, als ob mein Inneres wirklich das Außen erschafft, wie ein Regisseur. Und mich verwirrt es, dass ich noch nicht zwischen wahrem Bauchgefühl und plapperndem Verstand unterscheiden kann.«

Antwort: »Der Verstand plappert üblicherweise nicht, das ist die Angst, die sich des Sprachzentrums bedient. Es ist sinnvoll, das zu unterscheiden. Der Verstand vergleicht einfach nur nüchtern Erfahrungen, eigene und fremde.«

Klient drei: »Ja, es fühlt sich dunkel und angstvoll an … immer.«

Antwort: »Weil es die Stimme der Angst ist. Der Verstand fühlt sich klar an, nüchtern. Er ist ein guter Ratgeber. Du kannst ihn fragen: ›Hat die Angst recht? Auch in diesem besonderen Fall?‹ Und dann finde einen Satz, der dir selbst einen Ausweg zeigt.«

Klient vier: »Oft gelingt es ja, etwas mit Visualisierungen oder Gedankenkraft zu manifestieren. Nicht aber, wenn ich zu fixiert bin, es unbedingt will. Wie schafft man es besser, ein bestimmtes Ergebnis loszulassen?«

Antwort: »Wenn du zu sehr auf ein bestimmtes Ergebnis fixiert bist, also einen Anspruch an das Leben hast, dann schaue genau, welches innere Bedürfnis durch dieses Ergebnis erfüllt werden soll. Es ist immer eine innere Not, die sehr an einem äußeren Ergebnis festhält. Wenn du dieses innere Bedürfnis spürst, dann öffne dich dafür, dass dieses Bedürfnis auf die ideale Weise erfüllt wird. Das darfst du visualisieren und affirmieren. Erlaube dem inneren Anteil, der dieses dringende Bedürfnis hat, dir zu zeigen, wie es sich anfühlen würde, wäre dieser Anteil erfüllt und glücklich. Und dann bitte darum, dass sich dieses Gefühl in deinem Leben manifestiert, unabhängig davon, auf welche Weise das geschieht. Damit kannst du das Ergebnis loslassen und zugleich deinem tiefen Bedürfnis Raum geben.«

Klient fünf: »Ich habe viele Kunden und Patienten, die erst einmal lernen müssen, positiv zu denken. Sie sind durch negative und sorgenvolle Gedanken ständig blockiert. Für viele Menschen ist es nicht so leicht, sich die Zukunft rosig vorzustellen. Da reichen keine positiven Affirmationen. Das Unterbewusstsein sollte immer angeleitet werden, daran zu arbeiten, positive Ziele zu erreichen. Wie würdest du Menschen motivieren, die ständig wieder in negative Gedanken abrutschen?«

Antwort: »Ich schaue nach dem Schmerz und arbeite mit dem Inneren Kind, wechsle also auf die Gefühlsebene. Es wäre geradezu Hohn, zu erwarten, dass das Gehirn positive Antworten findet, wenn die Amygdala im Schmerzvermeidungszustand ist, das geht nicht, weil sie sich selbst nicht glaubt. Da ist meiner Erfahrung nach die Grenze der kognitiven Therapie erreicht, ab da wird es anstrengend und konstruiert.«

Klient sechs: »Wie kann ich die Verbindung zwischen meinen beiden ›Welten‹ stärken? Eine Welt ist das Wissen, dass die Kraft der Gedanken wirksam ist (wenn auch mit Grenzen!), und die andere Welt

ist das Fühlen, in dem das Wissen nicht ankommt und sich nicht niederlässt. Wie kann ich den Glauben daran stärken, auch wenn es das Wissen ohnehin weiß, aber das Fühlen nicht. (Tut mir leid, chaotischer Ausdruck – aber für mich ist das Thema so komplex, dass ich das mit Worten gar nicht ausdrücken kann.)«

Antwort: »Wenn du eine Diskrepanz zwischen Denken und Fühlen hast, dann gewinnt immer das Fühlen, und du bist im ewigen Kampf. Ich muss dich zurückfragen: Welches Wissen kommt in den Gefühlen nicht an, hast du ein Beispiel?«

Klient sechs: »Ein Teil von mir WEISS (es ist mir klar), dass die Gedankenkraft wirkt, aber der andere Teil GLAUBT NICHT daran! Das ist meine Diskrepanz – da ist kein Spüren, dass es stimmt, da fehlt der Glaube, das Vertrauen, das Erfahren. Wie kann ich dieses Spannungsfeld meistern? Wie kann ich Blockaden auflösen? Ist das verständlicher? Oje, jetzt werkelt es gerade voll in mir.«

Antwort: »Danke für diese Frage, das geht sehr vielen Menschen so. Es stimmt beides. Gedanken bestimmen deine Wirklichkeit. Und sie tun es eben nicht. Deine Gedanken sind ein AUSDRUCK des Energieniveaus, auf dem du dich befindest, und durch bewusste Gedanken kannst du dieses Energieniveau heben oder senken. Aber nicht, wenn deine gefühlten Erfahrungen das verhindern. Mit einem bewussten positiven Gedanken schickst du eine Anfrage in dein Inneres: ›Können wir auf diesem höheren Niveau weitermachen und von hier aus agieren?‹ Wenn deine Gefühle sagen: ›Nein, weil wir zu viel Schmerz (oder Enttäuschung oder was auch immer) erlebt haben‹, dann reicht ein bewusster positiver Gedanke nicht aus, um dein Energielevel ganzheitlich zu heben. Und dann kann das Leben auch nicht darauf reagieren. Das, was passiert, ist immer eine Antwort auf dein Energieniveau, nicht auf deine Gedanken. Deshalb scheint es diesen inneren Widerspruch zu geben. Er hat recht, dieser Widerspruch.«

Klient sieben: »Als ich mit meiner jüngsten Tochter schwanger war, sagte mir die Ärztin, dass es auf jeden Fall wieder ein Kaiserschnitt werden würde. Das kam für mich überhaupt nicht infrage. Von Beginn der Schwangerschaft an stand für mich fest, dass ich dieses Kind auf natürlichem Wege zur Welt bringen würde, käme, was da wolle. Dieser Gedanke brannte sich so in meinen Kopf ein, dass ich sie tatsächlich normal entbinden konnte. Es dauerte zwar 17 Stunden, aber es klappte – ganz ohne PDA oder sonstige Schmerzmittel. Was ich sagen will, der Satz ›Glaube versetzt Berge‹ hat eine tiefe Wahrheit.«

Antwort: »War das ›nur‹ Glaube, oder hat dein Bauch seine Wahrheit offenbart? Verstehst du meine Frage?«

Klient sieben: »Ja, es war nicht nur Glaube, es war tiefe Überzeugung, es war die gesamte Schwangerschaft über innere Wirklichkeit.«

Antwort: »Dann hat hier dein Bauchgefühl den Impuls gegeben, die Aussage der Ärztin richtigzustellen, weil es dein Bauch damals schon besser wusste. Das ist wichtig. Nicht dein Glaube hat das bewirkt, sondern der Glaube kam aus dem tiefen inneren Wissen, dass es diesmal anders werden würde. Warum ist das wichtig? Weil wir diese Dinge eben nicht über den Glauben regeln können, wenn der Körper eine andere innere Wahrheit hat. Es ist immer sehr klug, die wahre innere Antwort in Form von Gedanken und Gefühlen in sich zu hören. Wir können unsere innere Wahrheit nicht manipulieren. Gefällt uns die innere Antwort nicht, so hilft es wenig, wenn wir per Affirmation darauf

bestehen, dass es anders wird. Was aber sehr hilft, ist diese Affirmation: ›Egal, was geschieht, es geschieht zum Besten aller, ich bin in den besten Händen, und wir werden die Situation aufs Beste meistern.‹«

Klient acht: »Eben lese ich hier die Posts und denk mir: ›Ui, spannend, habe ich auch eine Frage?‹ Gleichzeitig schießt mir durch den Kopf: ›Uahhh, ich sollte wieder mal ein Back-up von meinem Laptop machen … ratter, ratter … viel zu anstrengend, wo kriege ich jetzt auf die Schnelle eine Festplatte her? Habe ich noch nie gemacht, blablabla …‹ Zeitgleich: ›… ja, das mit der Gedankenmanifestation ist eine ganz spannende Sache, aber irgendwie ist doch eh alles klar … fällt mir eine Frage ein, blablabla …‹ Und in der nächsten Sekunde, patsch, schmeiße ich meinen Kaffee um – natürlich auf den Laptop. Somit hätten sich zeitgleich zwei Gedankengänge manifestiert. Ich habe eine Frage geliefert bekommen, und ich habe es in die Wege geleitet, DOCH ein Back-up zu machen. Und daher frage ich dich: Welche Prozesse stecken dahinter, wenn sich Gedanken oft blitzschnell manifestieren und es bei anderer Gelegenheit ewig dauert, bis sich etwas im Außen zeigt? Und wie kann ich mein Hirn ›trainieren‹, noch bewusster wahrzunehmen, was da alles parallel abläuft? Ich meine jetzt nicht, dass ich anfange, zu meditieren, und meinem Hirn einen Besuch abstatte und schaue, was da vorgeht, sondern meine Kapazitäten (meine fünf Prozent vielleicht auf sechs Prozent erweitere) so weit auf die Reihe bekomme, dass ich noch bewusster mitbekomme, was da noch alles zeitgleich an Gedanken herumschwirrt, sprich die bewusste Wahrnehmung erweitere. Oder anders formuliert: Nicht meine Gedanken haben die Macht über mich, sondern ich über meine Gedanken. Ich hoffe, ich habe es jetzt nicht übertrieben, für die Kompaktgedankengänge ist bei mir der Aszendent Skorpion immer zuständig.«

Antwort: »Was genau hat sich denn da manifestiert – die Gedankengänge oder das für einen Moment chaotische Energieniveau? Denn so fühlt es sich an: Verschiedene Impulse, nämlich die Sorge, das nicht hinzubekommen, und der Druck, dieses Back-up jetzt machen zu wollen, sorgten dafür, dass sich dein System erst einmal eine Auszeit genommen hat: abruptes Stoppen aller widersprüchlichen Impulse durch eine impulsive Handlung. Gedanken spiegeln ein bestimmtes Energieniveau. Kann dein gesamtes System aus Gefühlen, Körperspannung und Lebensenergie dieses angefragte Niveau erreichen, dann manifestieren sich Gedanken leicht. Gibt es energetisch niedrig schwingende innere Gegenstimmen, dann braucht es eine Weile, bis sich dein System energetisch mühsam hochgehievt hat, manchmal ist das auch gar nicht möglich. Dann manifestiert sich nichts. Einige Gedanken haben wir, weil sich ein Ereignis anbahnt, dann bestimmen nicht wir das Ereignis, sondern das Ereignis schickt seine Impulse voraus. Das sieht dann aus wie blitzschnelles Manifestieren, in Wahrheit aber ist es ein blitzschnelles Vorausahnen dessen, was gleich geschieht. Deine Gedanken haben Macht über dich, weil sie Anzeiger deiner inneren Wahrheit sind. Und du hast Macht über deine Gedanken, wenn du sie bewusst denkst und einsetzt. Es stimmt beides, und das lässt sich auch nicht vermeiden. Es ist sinnvoll, deine auftauchenden Gedanken als Wegweiser nach innen zu nutzen mit der Frage: ›Wer denkt, und aufgrund welcher Erfahrungen kommen diese Gedanken?‹ Dann kannst du diesen inneren Gedanken einen bewussten Impuls entgegensetzen, um dir selbst eine neue Richtung zu weisen, einen Ausweg zu ermöglichen.«

Klient acht: »Das fühlt sich sehr stimmig an, danke!«

Klient neun: »Mich beschäftigt die Frage, dass man zwar denken kann, was man will, aber woher kommt der Wille, etwas Bestimmtes zu denken? (vgl. Schopenhauers Unfreiheit des Willens)«

Antwort: »Die Gedanken kommen aus den unterschiedlichsten Bereichen unseres Bewusstseins. Alles, was in dir ist, denkt. Es gibt keinen festgelegten ›Gedankenort‹ im Gehirn, sondern alle deine verschiedenen Anteile senden ihre Informationen in Form von Gefühlen, Körperempfindungen und eben auch in Form von Gedanken. Was bedeutet es, das zu wissen? Du darfst die Idee aufgeben, du könntest (oder gar: du solltest) deine Gedanken kontrollieren. Denn sie kommen einfach aus allen Bereichen deines Seins. Du darfst aber, und darum geht es, bewusste große, freie, liebevolle und kühne Gedanken denken. Dein Bewusstsein setzt damit einen starken Impuls nach außen und nach innen und richtet dein ganzes System neu aus.«

Klient zehn: »Ich würde gerne wissen, wie ich Gedanken vertreiben kann, die mir überhaupt nicht guttun, die mich belasten und über die ich schwer oder gar nicht mit jemandem sprechen kann.«

Antwort: »Gedanken zu vertreiben ist sicherlich ganz schwierig und meiner Ansicht nach auch keine gute Idee. Die Frage ist: Wer in dir denkt diese belastenden Gedanken? Und was braucht dieser Teil in dir? Hier eine Übung:

INNERE REISE: *Sich von negativen Gedanken trennen*

Stelle dir vor, dass das, was zu diesen Gedanken geführt hat, mit dir über eine oder mehrere dunkle Nabelschnüre verbunden ist. Diese Nabelschnüre können aus dem Bauch, aber auch aus dem Herzen oder dem Kopf herauskommen. Siehe diese Schnüre deutlich vor deinem inneren Auge, und nimm wahr, wie sie sich anfühlen. Erlaube dir das bitte, auch wenn es sich nicht gut anfühlt. Bitte nun darum, dass in deiner Hand ein Werkzeug erscheint, mit dem du diese Schnüre durchtrennen kannst: ein Messer, eine Schere, ein Flammenschwert … Nun greife in Gedanken mit einer Hand diese dunklen Schnüre, mit der anderen trennst du sie jetzt entschieden durch. Tue das so lange, bis du alle Schnüre durchtrennt hast. Du kannst diese Übung jederzeit wiederholen.

Klient elf: »Ich kenne das Problem, dass ich zwar weiß, was ich denken müsste/sollte, und ich das auch tapfer versuche, mein Gefühl dabei aber nicht mitzieht und ich mich dann nur so fühle, als würde ich mich selbst veräppeln. Die Gedanken- oder Schöpferkraft muss quasi vom Kopf ins Herz rutschen, und, äh, wie?«

Antwort: »Wenn das Gefühl nicht mitzieht, dann stimmen die Gedanken, die du zu denken versuchst, nicht mit deiner inneren Wahrheit überein, und dann sind es nicht die richtigen! Lasse dir nicht erzählen, was du denken sollst. Sondern finde genau die Gedanken, die für dich stimmig und passend sind, die dich erheben und dich in deiner Kraft nähren. Wenn ein Gedanke auf inneren Widerstand trifft, dann holst du dich selbst nicht von da ab, wo du stehst. Das

darfst und solltest du aber, sonst gerätst du in einen inneren Kampf. Wenn du magst, dann sage mir einmal ein Beispiel für einen Gedanken, den du denken solltest, und was dein Gefühl dazu sagt. Dann schaue ich, welcher der für dich ›bessere‹ Gedanke wäre.«

Klient elf: »Ja, genau das ist ja das Problem, finde ich! Wenn man in einer Angst oder einem Mangel steckt, dann trotzdem einen positiven Gedanken zu finden, der dem Gefühl nicht widerspricht! Aktuelles Beispiel: Mein Mann fängt demnächst eine neue Arbeit an, er war in seinem alten Job sehr unglücklich, aber in dem neuen gibt es (erst einmal) weniger Geld, es ist weiter weg, es fallen ein paar Annehmlichkeiten weg usw. Nun habe ich Angst (mit Veränderungen tue ich mich eh schwer), und das ganze ›Alles wird gut, du wirst schon sehen‹ wird vermutlich stimmen, am Ende hat bisher das meiste geklappt. Ich merke aber, dass ich es mir trotzdem nicht glaube.«

Antwort: »Das kannst du dir auch nicht glauben, weil du es nicht weißt. Was würdest du dir denn glauben? Wie wäre es mit ›Ich weiß, dass wir, egal, was kommt, in der Lage sind, die Situation zu meistern!‹?«

Klient elf: »… selbst das ist noch zu viel, ich glaube, ich muss ganz unten anfangen mit ›Auch diese Veränderung wird mich nicht umbringen‹. Im Ernst, vielleicht so etwas wie ›ALLES verändert sich, ständig‹. Die größte Angst habe ich vorher, vor der Veränderung, wenn es dann passiert ist, dann ist es bald okay.«

Antwort: »Gib dir das, was du brauchst, mit dem Satz, den du dir glaubst und der das Beste aussagt, was im Moment für dich möglich ist. Wunderbar, dass du so ehrlich bist, damit kannst du dich sehr schön selbst abholen.«

NACHWORT

Ich hoffe, lieber Leser, ich konnte dich abholen und dir deine Schöpferkraft bewusst machen oder sogar zurückgeben. Habe keine Angst vor der Macht der Gedanken. Es hat keinen Sinn, sich selbst zu manipulieren, um etwas Bestimmtes nicht zu denken. Erkenne, was du denkst, und erlaube dir, zu fühlen, was du eben fühlst. Dann kannst du dem Ganzen eine neue Richtung geben, aber eben erst dann.

Letztes Jahr erkrankte ein Freund von mir an Krebs, seitdem unterdrückt er vehement und bewusst seine Angst vor dem Tod, weil er glaubt, dass sich der Tod, wenn er dieser Angst in sich Raum gäbe, erst recht manifestieren würde. Natürlich stimmte das nicht. Im Gegenteil: Erst wenn du dir erlaubst, zu fühlen, was du fühlst, (dieses Gefühl zeigt sich in deinen Gedanken), anerkennst, was IST, kannst du dich selbst von da aus abholen.

Ein positiver Schöpfergedanke wäre: »Ich vertraue mich und meine Angst vor dem Tod dem Leben an.« Würde er mit diesem Satz gesund werden? Das weiß ich natürlich nicht. Aber er würde der Angst vor dem Tod etwas entgegensetzen, ohne sich selbst zu manipulieren und ohne die Angst zu vermeiden. Denn diese Angst ist ja berechtigt.

Ich habe den Ausdruck »sich selbst abholen« in diesem Buch ständig benutzt, sehr viel öfter als sonst. Aber genau hier ist es auch so unendlich wichtig und wird so oft vergessen. Dir nutzen großartige, grandiose, positive Gedanken einfach nichts, wenn du selbst an einer anderen Stelle stehst. Dann kannst du dich erst recht schlecht fühlen, weil du sie nicht glaubst. Halte es einfach. Jeder positive Impuls, und sei er noch so klein, wirkt tausendfach auf dein System. Weil du

einen inneren Schalter umlegst. Auch wenn der erste Schritt noch so klein ist, du hast deinem Inneren, deinem ganzen System eine neue Richtung vorgegeben. Und nur darauf kommt es an.

Ich hoffe, dir gedient zu haben, lieber Weggefährte, lieber Leser, lieber Freund. Habe ich etwas geschrieben, was dich ärgert oder für dich nicht stimmt, dann streiche es durch, und nimm das, was dir hilfreich erscheint.

In Liebe
Susanne

ÜBER DIE AUTORIN

Susanne Hühn wurde 1965 in Heidelberg geboren. Schon mit fünf Jahren beschloss sie, Masseurin zu werden. Nach dem Abitur besuchte sie eine Schule für Physiotherapie, machte 1986 ihr Staatsexamen und arbeitete danach als Krankengymnastin.

Der Zusammenhang zwischen dem Denken und Fühlen und dem körperlichen Symptom, das ihre Patienten jeweils zeigten, interessierte Susanne Hühn besonders, und so absolvierte sie Ausbildungen und Seminare zum Thema ganzheitliche Medizin. Mit 28 Jahren ließ sie sich zur psychologischen Beraterin ausbilden.

Aufgrund eigener Themen kam sie auch in Kontakt mit spirituellen Therapieformen wie Kinesiologie und Reinkarnationstherapie nach Rhea Powers.

Parallel zu ihrer Tätigkeit als Physiotherapeutin begann Anfang der Neunzigerjahre Susanne Hühns Weg als spirituelle Lebensberaterin und Meditationslehrerin. Zudem fing sie 1992 an zu schreiben. Nach wie vor faszinierte sie der Zusammenhang zwischen Körper, Geist und Seele, und so begab sie sich auf ihre eigene Forschungsreise. Ihr erstes spirituelles Selbsthilfebuch entstand 1999 und wurde im Schirner Verlag veröffentlicht. Im Jahr 2005 beendete Susanne Hühn ihre Tätigkeit als Physiotherapeutin. Seither widmet sie sich ganz der Lebensberatung und dem Schreiben von Büchern, Artikeln und Geschichten.

www.susannehuehn.de

BILDNACHWEIS

Fotografien und Ornamente: www.shutterstock.com
S. 3, 70: #141522328 (best works)
S. 5, 6/7, 20/21, 40, 45, 47, 52: #142023166 (best works)
S. 5/6: #194714894 (Sergey Nivens)
S. 14: #284389118 (takoburito)
S. 21 (oben): #248968666 (jakkapan)
S. 21 (unten): #240185032 (lzf)
S. 24, 46 (oben): #203177821 (BABAROGA)
S. 26, 29: #315658094 (Here)
S. 30: #218713720 (Sergey Nivens)
S. 36: #214008931 (Masson)
S. 46 (unten): #314207219 (Suzanne Tucker)
S. 58: #220236262 (thaikrit)
S. 66: #214845679 (Suzanne Tucker)
S. 73: #126658061 (solarseven)
S. 81 (oben): #316176467
S. 81 (unten): #281001479 (KieferPix)
S. 119: #150550508 (Subbotina Anna)
S. 123: #231400951 (pinkomelet)
S. 127: #232452622 (4Max)
S. 128 (oben): #284453498 (Roman Bodnarchuk)
S. 128 (unten): #286776143 (Roman Bodnarchuk)
S. 141: #140241985 (best works)

Wiederkehrende Ornamente: www.shutterstock.com
Blume, Gedankenblase: #83414014 (vadim nardin)
Pfeil: #228277915 (Marylia)